AF453544

MA TANTE

GENEVIÈVE,

OU

JE L'AI ÉCHAPPÉ BELLE.

Oh! mon dieu, c'est ma Niéce.

MA TANTE GENEVIÈVE,

OU

JE L'AI ÉCHAPPÉ BELLE;

PAR DO.....Y.

TOME QUATRIÈME.

Avec figures.

Je me trouve mariée, veuve,
et encore fille.

A PARIS,

Chez BARBA, libraire, Maison-Égalité, galerie
derrière le théâtre de la République, n° 51.

AN IX. 1800.

MA TANTE GENEVIÈVE.

CHAPITRE XXXIV.

*Visite d'un grand vicaire chez le curé.
Nous quittons le presbytère.*

Je suivais ma tante, sans rien dire, et je réfléchissais en moi-même si je devais lui déclarer la scène *confessionnale* qui venait d'avoir lieu entre le vicaire et moi, lorsqu'elle m'apostropha la première.

« Suzon, tu avais l'air bien agitée,
» quand je suis entrée!..... Tu as donc
» avoué au vicaire des terribles pé-
» chés ?.....

» Hélas! ma tante, lui répondis - je
» avec une effusion de cœur occa-
» sionnée par une humenr de ressou-
» venir de ce qu'elle avait blâmé -la

» méfiance que j'avais témoignée d'a-
» bord de ce prêtre, je n'en avais pas
» tant à avouer qu'il m'en aurait voulu
» faire commettre lui-même..... ».

Là-dessus, je lui racontai tout ce qui
s'était passé.

« Je m'en suis doutée, dit-elle, dès
» que j'ai vu qu'il te gardait si long-
» temps, et c'est pour cela que j'ai
» supposé que monsieur le curé te de-
» mandait........ Ces chiens d'hommes
» sont vraiment des renégats !.........
» il n'y a ni robe, ni préjugés, ni
» conscience, ni religion qui les arrê-
» tent !...... Voyez donc, un malotru de
» vicaire oser ce qu'un curé ne se per-
» mettrait pas !.... Non, il n'y a plus
» de subordination, il n'y a plus de
» vertu dans ce monde !..... ».

Je lui appris alors qu'il voulait encore me parler en particulier.

« Eh bien, écoute-le. Il faut savoir
» ce qu'il a dans l'ame; mais je le
» guetterai toujours, et tu ne risqueras

» rien. Tu t'es bien sauvée franche de
» sa chambre..... Tu vois, Suzon, qu'on
» est bien heureuse d'avoir une tante!
» Hélas! mon enfant, sans moi, déjà
» combien de fois!........ mais ce n'est
» pas ta faute, tu es simple, et le bon
» Dieu t'a créée comme ça...... Je ne
» peux pas t'en vouloir, car moi qui en
» valais quatre comme toi, pour la ma-
» lice, est-ce que je n'ai pas manqué
» aussi bien souvent ?..... d'ailleurs je
» t'ai raconté mon histoire..... Oh! faut
» en convenir, il y a un sort sur notre
» famille pour ces attaques-là » !

Je n'évitai donc pas le vicaire; et
comme il me cherchait de son côté, il
me rattrapa le soir dans une allée du
jardin du presbytère.

« Eh bien, ma chère fille, me dit-il,
» avez-vous réfléchi sur ce que je
» vous ai dit ce matin ? Moi, mon-
» sieur, repris-je, en affectant une
» ignorance entière de ses coupables
» desseins, quoiqu'il me les eût mani-

» festés d'une manière assez sensible
» pour ne pas s'y méprendre, je me
» souviens seulement que je vous ai
» parlé de mes fautes et de mon re-
» pentir, et que vous m'avez parlé,
» vous, de pénitence et d'absolu-
» tion......

» Oui, oui, reprit-il, votre tante, qui
» est survenue très-mal à propos, m'a
» empêché de vous expliquer toute mon
» intention, mais je vais le faire à pré-
» sent en peu de mots. Profitez-en, et
» gardez-vous bien de chercher à me
» trahir, car vous en seriez dupe la
» première, et d'autres avec vous ; au
» lieu qu'en vous rendant à mes désirs,
» vous pouvez vous assurer un sort
» heureux.

» Vous vous êtes donnée...., ou plutôt
» la misère vous a fait jeter entre les
» bras d'un vieux curé pauvre, et qui
» ne peut rien, ni pour votre fortune,
» ni pour votre plaisir. Moi, je puis, au
» contraire, beaucoup pour tous les

» deux….. D'abord, il ne peut pas aller
» loin, et j'ai la promesse de la survi-
» vance de sa cure. Mais si, par hasard,
» il me la faisait attendre trop long-temps,
» j'ai la certitude, par des protections
» majeures, d'être nommé avant peu à
» quelque bénéfice plus considérable en-
» core, et, si vous voulez vous livrer à
» moi, je me charge de vous rendre
» heureuse, vous et votre tante ».

Malgré l'indignation que me causait
une proposition aussi insultante, j'eus
la raison et la force de me contenir.

« Monsieur, lui dis-je, une offre si
» obligeante de votre part me flatte
» beaucoup, assurément; mais puisque,
» comme vous me le dites, il s'agit du
» bonheur de ma tante, ainsi que du
» mien, je vous demande la permission
» de la lui communiquer, et je me ré-
» glerai par ses conseils. — Oh! je le
» veux bien……… et je ne crains pas
» d'obstacle de sa part; elle est vieille,
» elle est pauvre, les ressources vont

» lui manquer, et elle sera bien aise
» d'en trouver une dans les bénéfices
» que votre beauté peut lui procurer ».

Ainsi les hommes, avilissant et flé-
trissant ce qu'ils doivent respecter et
secourir, fondent et calculent les succès de leurs criminelles intentions sur
la vieillesse et la pauvreté !........ Ah !
quel mépris ce vicaire m'inspira pour
une robe que la vertu de son curé ne
m'avait accoutumée à ne regarder qu'a-
vec vénération !.....

« En ce cas, monsieur, lui dis-je, je lui
» parlerai, et d'après son aveu, vous au-
» rez ma réponse.... ou plutôt la sienne...
» mais je doute qu'elle se détermine à
» manger de ce pain-là ». Et je le quittai
brusquement pour aller faire rapport à ma
tante de cette outrageante proposition.

« Ah ! l'effronté scélérat, me dit-elle,
» tu avais bien raison, il faut être en
» garde contre tous les hommes ; et
» après cette dernière épreuve-là, si
» mon bon ange lui-même, toute vieille

» que je suis, se présentait à moi sous
» une forme humaine, je me méfierais
» de lui..... Mais ce maudit vicaire peut
» nous faire du tort, à présent qu'il
» sait notre secret ; il ne faut pas le re-
» fuser sèchement.

» Quoi ! ma tante, vous voudriez
» que..... — Eh ! non. Tu vas trop vîte,
» ce n'est pas ça que je pense..... Je te
» dis qu'il faut biaiser avec lui, équi-
» voquer, gagner du temps, et pendant
» cela, je vais chercher à trouver quel-
» ques débouchés pour te placer quel-
» que part, et tu disparaîtras au mo-
» ment qu'il y pensera le moins ».

Notre plan ainsi arrêté, je le laissai
continuer son attaque sans avoir l'air,
ni de le fuir, ni de le rebuter ; mais je
trouvais continuellement des prétextes
pour manquer aux rendez-vous qu'il me
donnait tous les jours. A la longue il
n'en fut pas dupe, d'un sens, quoiqu'il
ne me rendît pas justice sur le véritable
motif de mes refus. Vicieux comme il

était, il ne pouvait pas croire à ma vertu ;
mais il se persuada, par un double
tort, que, criminelle effectivement,
j'aimais mieux, par intérêt, pécher avec
le curé qu'avec lui, et il se promit de
s'en venger, et sur moi et sur le respectable pasteur. L'occasion ne tarda pas à
s'en présenter ; il en profita.

Le grand vicaire de l'évêque dans
le diocèse duquel nous étions, vint faire
sa tournée et la visite de toutes les pa-
roisses..... Il arriva donc au presbytère
pour y interroger notre curé et prendre
des informations sur ses mœurs. Après
tout l'examen préliminaire sur la tenue
de son église et sur les instructions qu'il
donnait à ses paroissiens, il en vint à
l'article de sa servante.

Or tout le monde sait qu'un chapitre
fondamental et inviolable des synodes,
est qu'une servante ou gouvernante de
curé doit avoir ce qu'on appelle l'*âge
canonique*, c'est-à-dire, être hors d'état
de faire des enfans........ et cela pour

éviter le scandale et les soupçons, ou même les calomnies de la malignité, qui pourrait vouloir transformer le père spirituel en matériel, temporel et corporel.

Notre bon curé, bien tranquille sur ce point, répondit qu'il était en règle, et ayant fait comparaître ma tante, il se croyait hors de tout blâme..... Mais le rancuneux vicaire, tant pour débusquer le pauvre pasteur de sa cure, que pour se venger de mes refus, avait fait prévenir le représentant de l'évêque à mon sujet. Il demanda au curé, s'il n'avait pas d'autre domestique à son service. Celui-ci, qui n'y entendait pas malice, déclara franchement, qu'outre cette vieille femme..... (il parlait de ma tante, qui hochait la tête sur l'épithète, car quoiqu'elle convînt qu'elle n'était plus jeune, elle n'aimait pas à se l'entendre dire,) il avait encore chez lui un jeune garçon, neveu de cette gouvernante.

Faites-le venir , dit le grand vicaire.
On m'appela, et je parus.

« Oh ! oh ! dit l'examinateur, en ou-
» vrant sur moi de grands yeux, il est
» bien joli, pour un garçon ! Vous êtes
» bien honnête, monsieur, repartit vi-
» vement ma tante. Je rougis à ce com-
» pliment du grand vicaire , qui ajouta
» de suite : Il a bien de la pudeur, pour
» un garçon ! Quel âge avez-vous , mon
» bon ami ?..... Il a dix-sept ans, ré-
» pondit pour moi ma tante.

» Ma bonne , à dix-sept ans il doit
» être capable de répondre lui-même.
» Combien y a-t-il que vous êtes ici,
» mon enfant ?..... Monsieur, lui dis-je
» en balbutiant, il n'y a pas encore
» deux mois. — Il a la voix bien douce,
» pour un garçon !....... Voyons, mon-
» trez-moi vos mains. Je les lui pré-
» sentai en tremblant. Voilà de bien
» belles mains, pour un garçon !.... et
» il me semble encore que vous avez
» là quelque chose d'extraordinaire pour

» un garçon ». Et comme il avançait
sa main, à lui, pour me toucher la poi-
trine, je me reculai. « Oh ! oh ! mon-
» sieur le curé, vous avez là un singu-
» lier garçon ! il est vraiment modeste
» comme une fille ! Oui, monsieur, lui
» répartit le curé, et je l'ai toujours
» remarqué avec plaisir. C'est une
» preuve que sa tante l'a bien élevé.
» C'est ce qui me paraît, continua le
» grand vicaire, et vous-même vous
» n'achevez pas mal son éducation !
» Oh ! je n'y épargne pas mes soins,
» dit bonnement le curé, et de son côté
» il a grande envie d'en profiter. —Mais
» je crois bien qu'il n'en profitera peut-
» être que trop, et c'est positivement
» ce que je veux éclaircir..... Allons,
» mon beau jeune homme, faites-moi
» le plaisir d'ôter votre veste et votre
» gilet. Vous êtes modeste, mais je suis
» curieux, moi, et je veux voir un peu
» votre taille..... » et il essayait déjà à
m'aider.

« Eh quoi ! monsieur..... reprit vive-
» ment ma tante, est-ce qu'on désha-
» bille ainsi un garçon devant le monde?
» — Comment, ma bonne, vous avez
» de la pudeur aussi ?..... Oh ! je crois
» que vous pourriez voir ce garçon-là
» tout nu sans rougir.

» Qu'est-ce que cela veut dire, mon-
» sieur ? reprit à son tour le curé, que
» toutes ces phrases équivoques com-
» mençaient à intriguer. — Cela veut
» dire, monsieur le curé, qu'il est indigne
» à un homme de votre caractère d'user
» de pareils subterfuges pour cacher
» votre contravention criminelle, et que
» monseigneur l'évêque vous apprendra
» à avoir chez vous une fille de dix-sept
» ans, déguisée en garçon.....

» Comment, une fille, s'écria le pau-
» vre pasteur, pétrifié. — Eh ! non,
» vous ne le saviez pas, vous qui lui
» donnez tous vos soins !..... — Je vous
» jure, sur mon honneur, et sur mon
» salut, que je l'ignorais ».

Ma tante et moi nous tombâmes à genoux devant le grand vicaire, en lui demandant pardon de notre faute, et en lui certifiant l'innocence du vertueux curé. Ma tante, sur-tout, lui fit en pleurant une courte analyse de nos derniers malheurs, et du motif qui l'avait engagée à cette supercherie, qu'elle croyait innocente, pour me procurer l'existence et m'avoir toujours sous ses yeux. Le grand vicaire parut s'adoucir. Il nous fit relever, dit au curé qu'il ferait informer de sa conduite, et que si les rapports étaient à son avantage, il lui pardonnerait ce scandale involontaire de sa part..... Puis s'adressant à nous : « Quant à vous, ma bonne, et à » votre nièce, qui en êtes bien vérita- » blement coupables, vous ne pouvez » plus demeurer dans cette paroisse. » Mais comme je veux croire, suivant » votre aveu, que c'est plutôt par in- » conséquence que par intention du » crime, je ne vous en punirai point.

» Allez attendre à la dernière maison
» du village, sur le chemin de Paris,
» chez une bonne femme que vous y
» trouverez ; mon valet de chambre vous
» y portera des secours pour pouvoir
» vous conduire plus loin, et sur-tout
» pour changer les habits de cette jeune
» personne ».

Nous le saluâmes avec respect. Ma tante prit son petit paquet, et nous partîmes, après avoir derechef demandé bien des pardons au pauvre curé et à monsieur le grand vicaire, qui daigna me jeter un regard de bonté, et me serrer gracieusement la main, en me recommandant d'être toujours sage et plus circonspecte à l'avenir.

CHAPITRE XXXV.

Monsieur de Lafleur nous retrouve.
Enlèvement et ses suites.

Nous allâmes donc, suivant ses ordres, chez la femme qu'il avait indiquée, et la priâmes de nous recevoir chez elle, pour quelques instans, de la part de monsieur le grand vicaire. Elle nous fit entrer aussitôt, et nous offrit fort poliment de nous rafraîchir avec du lait qu'elle venait de tirer d'une vache qui faisait tout son avoir, et qui suffisait à la faire vivre.

Ma tante, en philosophant sur nos catastrophes continuelles, enviait le sort bien chétif, mais tranquille, de cette pauvre femme, et me disait : « O ma » chère Suzon ! si nous avions seule- » ment une cabane et une vache, comme » cette brave paysanne, nous vivrions

» plus heureuses dans un coin de cette
» forêt, qu'obligées d'exister parmi les
» hommes ! car je vois bien à présent
» que c'est ce maudit petit vicaire du
» curé, ton indigne confesseur, qui,
» piqué de ce que tu n'as pas voulu te
» rendre à ses infames désirs, a fait
» avertir monseigneur le grand vicaire
» de ton travestissement, car il m'a paru
» trop bien instruit d'avance.....

» Oh! oui, ma tante, et je me rap-
» pelle aussi que ce mauvais prestolet
» de prêtre-là, m'avait bien menacée,
» si je le refusais, de s'en venger en
» faisant de la peine à plusieurs per-
» sonnes à-la-fois ».

Nous étions dans ces réflexions, quand
nous en fûmes tirées par le bruit d'une
voiture en forme de vis-à-vis, qui arrêtait à la porte de la cabane. Le cocher
demanda à la vieille, qui était sortie
pour regarder, s'il n'y avait pas chez elle
une femme avec un jeune homme?

Cette voix nous frappa dès que nous

l'entendîmes , et le cocher entré, sur la réponse de la vieille, nous reconnûmes, avec beaucoup de surprise, monsieur de Lafleur, mon amoureux prétendu, qui ne fut pas moins étonné de nous voir là , et moi en garçon.

Il commença par nous faire tendrement des reproches, et sur-tout à ma tante, de ce qu'elle m'avait ainsi emmenée de Paris, en le trompant si cruellement, pendant qu'il s'occupait des moyens de nous convaincre de son amour, et de pourvoir à notre subsistance..... Mais enfin, disait-il, tout est oublié, et tout peut se réparer, et à l'instant même , puisque je vous retrouve si heureusement.

Puis, nous ayant tirées à part sur le chemin, pour que la vieille paysanne n'entendît rien, il nous dit qu'il avait ordre de monseigneur le grand vicaire, au service de qui il était alors, de remettre de l'argent à ma tante pour aller où elle voudrait, et de m'emmener ,

B.

moi seule, à Paris dans cette voiture-là....

« Non, non, jarni ! ça ne sera pas
» vrai, s'écria ma tante, en me serrant
» dans ses bras ; non, monsieur, ma
» nièce ne me quittera plus jamais d'un
» pas, tant que le ciel me conservera
» la vie. La pauvre enfant a trop besoin
» de moi ! et, après l'infamie du petit
» vicaire du bon curé, il n'y a ni grand
» vicaire, ni évêque, ni cardinal même,
» à qui je voulusse la confier pour deux
» minutes.

» Vous avez bien raison, ma chère
» maman ! continua monsieur de La-
» fleur, en la caressant beaucoup, et
» c'est bien aussi ce que je vous re-
» commande moi-même. Mais laissez-
» moi vous dire tout, et vous expli-
» quer mes intentions..... Monsieur le
» grand vicaire donc, qui, comme vous
» l'observez, et le devinez très-bien,
» n'est pas plus sage qu'un petit vicaire
» de paroisse, est très-amoureux de votre

» nièce, et il me l'a confié, parce qu'il
» faut bien que les maîtres se confient
» à quelqu'un pour se faire aider.

» Ah! mon dieu, encore un amour
» mal-honnête! dit par exclamation ma
» bonne tante... Eh mais, sainte Vierge!
» à quoi pensent donc tous ces prêtres?
» eux qui ont les doigts bénis, ils ont
» donc le feu d'enfer dans le restant du
» corps!

» Toutes vos réflexions, quoique
» justes, n'avancent à rien, dit mon-
» sieur de Lafleur : écoutez-moi plutôt,
» et vous allez savoir ce que je veux
» faire..... Monsieur le grand vicaire,
» qui est obligé d'achever sa tournée,
» ne peut pas avoir une fille avec lui.
» Il m'a donc commandé de conduire
» votre nièce à Paris, où il sera de
» retour lui-même dans huit jours, de
» lui louer une jolie maison, et de lui
» acheter une jolie garde-robe, et il m'a
» donné de l'argent pour tout cela... mais
» au lieu de lui obéir, voilà mon projet.

» Je suis à mon aise, dieu merci,
» parce que monsieur l'abbé, mon pre-
» mier maître, qui est mort, m'a laissé
» une gratification de mille écus, outre
» tous mes gages arriérés, qui m'ont été
» bien payés. Je vais profiter de cette
» occasion, et du carrosse du grand
» vicaire pour vous conduire bien vîte
» hors du royaume; ce qui m'est d'au-
» tant plus facile, que mon nouveau
» maître ne voulant mettre que moi
» dans le secret de son expédition amou-
» reuse, m'a chargé de mener la voi-
» ture moi-même, sachant que j'ai en-
» core ce talent-là. Nous allons nous
» rendre à Bruxelles, qui est mon pays,
» et où j'ai encore du bien à revenir
» d'un oncle qui est très-vieux et très-
» infirme. Une fois là, j'épouserai ma
» chère Suzon, je lui assurerai toute ma
» fortune. Nous nous établirons au-
» bergistes, et ma bonne tante sera à
» la tête de toute notre maison ».

En finissant ce beau discours, il nous

étala plusieurs sacs d'écus et des bourses de louis, qu'il avait peut-être volés; car, après la proposition de nous approprier le carrosse, les chevaux et l'argent du grand vicaire, il ne nous paraissait pas trop délicat dans ses principes. Ma tante lui fit même cette remarque.... mais, pour nous tranquilliser, il nous dit que son intention était de lui renvoyer le tout à Paris, dès que nous serions arrivés à Bruxelles.

Ma tante fit semblant de le croire, ou peut-être même le crut de bonne foi, par l'adroite précaution qu'il eut de lui remettre en main une bourse de cinquante louis, comme un à-compte qu'il donnait sur la dot et les présens qu'il voulait me faire...... La première envie de la bonne Geneviève était d'abord de s'éloigner de Paris, où elle craignait toujours le prieur des Carmes, et mon maître le procureur, ainsi que de Fontainebleau, où elle redoutait aussi la méchanceté du petit vicaire, elle con-

sentit enfin à monter avec moi dans la
voiture pour faire la route de Bruxelles, se croyant bien tranquille sur mon
compte tant qu'elle m'accompagnerait.
D'ailleurs, elle était bien décidée à ne
se fier à monsieur de Lafleur, malgré
ses belles promesses, que quand le
contrat serait signé et toutes les forma-
lités bien remplies.

Nous partîmes donc de chez la bonne
vieille toutes deux dans le vis-à-vis, et
monsieur de Lafleur sur le siége, et
nous fîmes, ce jour-là, dix lieues tout
d'une traite, après lesquelles il fallut
nous arrêter dans une auberge, pour
laisser reposer nos chevaux, et pour y
souper et coucher nous-mêmes.

Pendant que nous montions dans une
chambre, ma tante et moi, monsieur
de Lafleur resta en bas pour comman-
der notre souper à l'hôte, à qui il se
donnait pour un marchand de chevaux
qui retournait dans son pays..... Voilà
ce que j'entendis seulement, et sans y

faire grande attention. Il revint ensuite
nous trouver ; on nous servit, et nous
soupâmes très-bien , car le voyage nous
avait donné de l'appétit. Le repas fut
même fort gai , moyennant les rasades
que monsieur de Lafleur nous versait
abondamment , et par malheur ma chère
tante aimait beaucoup le bon vin , et
son exemple avait aussi influé sur moi.

Je ne sais si monsieur de Lafleur avait
mêlé quelque drogue assoupissante dans
ce qu'il nous fit boire ou manger ; mais
ce que je sais bien , c'est que ma tante
et moi nous nous endormîmes toutes
deux à table.

Alors , monsieur de Lafleur reprit à
ma tante la bourse de cinquante louis
qu'il lui avait donnée , sauf un qu'il lui
laissa. Il vendit le carrosse et les deux
beaux chevaux à l'aubergiste , qui pouvait trouver des occasions pour s'en défaire avantageusement, et s'accommoda
d'un méchant cabriolet avec un petit
cheval , pour le conduire seulement ,

dit-il , jusqu'à la poste , où il allait prendre une chaise pour nous mener plus vîte ; ensuite il me transporta , toute endormie , dans le cabriolet , et partit avec moi.

Ma tante s'étant éveillée le lendemain, fut toute surprise de se trouver encore devant la table et toute habillée. Elle chercha , cria après nous , mais en vain...... Enfin l'hôte , à qui elle s'adressa pour nous demander , lui dit que nous étions partis pendant la nuit ; que le père du jeune homme (car il m'avait fait passer pour son fils), avait dit qu'il lui avait laissé , à elle , de l'argent pour qu'elle eût à le rejoindre à Bruxelles , si elle voulait , et comme elle pourrait, parce qu'elle était trop vieille pour soutenir la fatigue de voyager en poste jour et nuit , comme il allait faire... ou que, si elle préférait de rester dans ce pays, il la laissait libre , et la lui avait recommandée à lui - même comme une bonne et fidelle domestique, en le priant de la garder à son service, ou de lui procurer une autre condition....

Ma tante, à ce rapport accablant, tomba des nues, devint furieuse, vomit contre le scélérat de Lafleur mille injures ; et se fouillant ensuite, elle ne trouva plus dans ses poches qu'un louis au lieu de cinquante, qu'elle croyait avoir.... Quel déchet !

Laissons-la, dans cet état terrible, achever de s'expliquer avec l'hôte, et disons un peu ce qu'il en était de l'autre côté, entre monsieur de Lafleur et moi.

Ce misérable, en partant de l'auberge, avait bien pris d'abord le chemin de la poste, comme il l'avait dit au maître, mais il ne poussa pas jusque-là... son intention n'étant ni d'aller à Bruxelles, ni de retourner à Paris, mais simplement de s'approprier les effets du grand vicaire, ainsi que son argent, et de me conduire n'importe où, pour abuser de moi à son aise.

A quelque distance, il reprit un détour

IV.   6

qui le ramena sur le chemin de Fontainebleau, pour dépayser ma tante, qui vraisemblablement ferait courir après lui sur celui de Bruxelles, et nous refîmes une partie des dix lieues que nous avions faites dans l'après-dîner......

, Les secousses violentes de ce mauvais cabriolet qu'il faisait rouler très-vivement, me réveillèrent comme l'aurore commençait à peine à s'annoncer. J'ouvris les yeux.... O terreur ! ma surprise fut encore, s'il se peut, plus terrible pour moi que n'avait pu l'être celle de ma pauvre tante.......... Au lieu de me trouver à côté de cette seconde et tendre mère, dans une belle voiture à deux chevaux, je me vis seule avec un homme, dans un cabriolet demi-pourri, et courant au galop d'un cheval étique, le long de la lisière d'une forêt. Je jetai un cri d'effroi. Monsieur de Lafleur voulut me rassurer en m'embrassant, et me disant de n'avoir aucune peur, que j'étais avec mon mari.

« Mon mari ! lui dis-je en le repous-
» sant avec indignation ; je n'en ai pas.
» C'est ma tante que je demande ; où
» est-elle ? — Ne vous inquiétez pas
» d'elle, ma chère Suzon ! elle s'est
» trouvée un peu indisposée à l'au-
» berge, et avoit besoin de repos ; de
» crainte que le grand vicaire ne nous
» fasse suivre et ne nous rattrape, elle
» m'a pressé de partir toujours devant
» avec vous, et nous allons l'attendre à
» la première maison que nous allons
» trouver, où elle doit venir nous re-
» joindre dans notre voiture, avec un
» domestique de l'aubergiste, qui lui
» remènera ce cabriolet qu'il m'a prêté ».

Cette explication équivoque ne me ras-
surant pas, je lui dis que je voulais retourner et la revoir, et qu'absolument je
ne voulais voyager qu'avec elle... Voyant
qu'il poussait toujours son cheval en
avant, je lui dis que j'allais sauter en
bas et m'en aller à pied, s'il ne se ren-
dait pas à mes instances.... Il me retint,

et voulut continuer ses caresses. Elles me révoltèrent de plus en plus ; et, commençant à soupçonner son coupable projet, je lui fis les plus vifs reproches et les prières les plus touchantes.......... rien ne réussit à ébranler son ame perverse. Il redoubla au contraire, vis-à-vis de moi, d'efforts pour m'amener à céder à ses vues criminelles : il me fit des protestations, il m'offrit de l'or...... Enfin, voyant que je n'étais pas plus dupe de ses promesses, qu'il n'était touché de mes larmes, il ne se déguisa plus, et le monstre commença à vouloir employer la violence. Je fis retentir la forêt de mes cris ; mais il était encore si matin, qu'à peine y voyait-on clair. Personne ne passait....... et cette solitude enhardissant le scélérat qui m'outrageait, il allait consommer son crime lorsque, n'ayant plus de force ni de résistance à lui opposer, notre cabriolet fut investi par quatre hommes que mes cris avaient avertis et fait sortir du bois. Le premier prit par la bride le cheval, qui, étique, affamé et rendu de fatigue, ne se pressait pas pour s'échapper. Monsieur de Lafleur lui tira un coup de pistolet, mais il le manqua, et le second, ajustant mieux, cassa la tête à monsieur de Lafleur; le troisième m'enleva et me mit à terre, tandis que le quatrième traînait dans le bois le corps de mon ravisseur, et à eux tous ensuite ils fouillèrent et dévalisèrent toute sa voiture..... Ainsi la providence fit punir ce misérable, et il n'eut ni la jouissance du vol qu'il avait fait, ni celle du crime qu'il avait voulu commettre envers moi.

Après cette expédition, les voleurs laissant aller à sa discrétion le cheval avec le mauvais cabriolet, rentrèrent dans le bois pour aller partager le butin dans la caverne qui leur servait de retraite, et me firent marcher avec eux, comme un garçon dont ils avaient besoin pour les servir, car, dans le tumulte et la précipitation, et avec l'obscurité qui régnait encore, ils n'avaient jugé de mon sexe que par mes habits.

Pour les entretenir dans cette supposition qui était du moins un préservatif pour mon honneur, dans ces premiers momens je me prêtai de la meilleure grâce que je pus à tous les travaux qu'ils me firent faire pendant la journée, quoiqu'ils excédassent de beaucoup mes forces ; mais l'espérance de parvenir à recouvrer ma liberté en gagnant leur confiance, me donnait du courage.

J'eus même l'effronterie de leur dire, sur la demande qu'ils me faisaient du sujet de mes cris quand ils avaient couru sur nous, que j'étais bien aise d'être tombé entre leurs mains, car ils m'avaient délivré d'un grand danger. A cette occasion, j'eus encore la présence d'esprit de leur bâtir un conte à peu près vraisemblable. Je leur dis que l'homme qu'ils venaient de tuer, était un scélérat de cocher qui avait assassiné mon maître, qui voyageait dans cette voiture avec moi, et qu'il avait été porter son cadavre dans le bois (comme je leur avais vu faire du sien), le tout pendant que je dormais........ et qu'en revenant ensuite, et me voyant réveillé, il allait me tuer de même s'ils n'étaient arrivés aussi heureusement pour moi.....

Qu'en conséquence, comme je leur avais obligation de la vie, et que j'étais un pauvre orphelin, qui n'avais, pas d'autre ressource que de servir les autres, je leur serais bien fidelle et bien attaché s'ils avaient des bontés pour moi. Ce discours eut tout l'effet que j'en désirais pour lors. Ils me dirent que si effectivement je les servais bien, ils me donneraient ma liberté au bout d'un an, et me renverraient avec plus d'argent que je n'en pourrais gagner en dix, au service du meilleur et du plus riche des maîtres.

Je m'employai donc avec plus d'ardeur à les contenter, me promettant bien de ne pas attendre, pour les quitter, le terme qu'ils me fixaient. Ils me firent d'abord descendre dans le souterrain plusieurs paquets de bois qu'ils avaient coupé et ramassé dans la forêt, pour l'usage de leur cuisine; mais au dernier que je portais, la charge étant trop lourde, et pressée par le surveillant qui m'avait gardée et qui redescendait après moi, je chancelai sur l'échelle qui me servait d'escalier, et je tombai rudement au fond de la caverne, et sans connaissance : ces brigands vinrent pour me relever.

Par la violence du coup et de la secousse, mon mauvais gilet de toile s'était ouvert, et une épingle, dont j'avais rattaché ma chemise, que monsieur de Lafleur m'avait toute déchirée en me tourmentant, ayant sauté, ma gorge parut à nu.

Les voleurs, instruits par là de mon sexe, regardèrent cette nouvelle découverte comme un surcroît à la riche prise qu'ils avaient faite, et, se précipitant sur moi tous les quatre, d'un mouvement aussi vif que féroce, chacun voulait m'avoir pour sa part du butin. Cet acharnement égal qu'ils mirent tous à mon déshonneur, fut ce qui me sauva. Chacun me tirant de son côté, l'un par un bras, l'autre par une jambe, ils me firent revenir plutôt que s'ils m'avaient fait respirer des sels, ou avaler des cordiaux..... mais aucun ne voulant céder, ils en vinrent aux coups, sautèrent sur leurs armes, et se battirent à outrance.

Leurs cris, leurs tiraillemens d'abord, le cliquetis de leurs sabres ensuite, et les coups de pistolet qu'ils se tiraient, m'ayant fait revenir tout-à-fait, je repris assez de force pendant le reste de leur combat, où ils se poursuivaient dans tous les recoins du souterrain, pour me relever et remonter à l'échelle. Déjà j'étais dans la forêt, et j'essayais à courir, mais ma faiblesse me trahit.

Deux des quatre brigands avaient été tués dans ce combat livré en mon hon-

neur et pour me faire perdre mon honneur, lorsque les deux survivans, s'apercevant de ma fuite, montèrent après moi,
coururent et me rattrapèrent. N'étant
plus que deux, ils se proposèrent un
accommodement amical pour des scélérats, mais dont je devais toujours être
la victime; ce fut ou de se battre à
extinction pour savoir à qui aurait tout le
butin avec la fille, ou bien de faire un
partage égal du trésor et de la fille, et de
se battre seulement au premier sang,
pour décider qui des deux aurait le criminel plaisir de m'outrager le premier.
Ils s'arrêtèrent à ce dernier parti. Ils
commencèrent par me dépouiller, et
m'attachèrent nue à un arbre, pour
m'ôter la possibilité de fuir pendant
leur nouveau combat.

Je criais de toutes mes forces, mais ils
me serrèrent la bouche avec un mou-
choir, et me voyant privée de toute
espérance de secours, je n'attendais et
ne désirais plus que la mort.

Les deux brigands, acharnés l'un sur l'autre, et convoitant également la possession entière du trésor, fruit de leurs assassinats, et que renfermait la caverne, et celle de mes faibles appas, ne voulurent plus se contenter de la première blessure.......... et se battirent avec fureur, chacun dans l'intention d'exterminer l'autre et de garder tout...... Déjà j'étais couverte de leur sang, qui rejaillissait jusque sur moi; et déjà, forcés tous deux de se reposer un instant pour reprendre haleine, le plus blessé avait proposé, pour dernier accommodement barbare, de partager l'argent, et de me couper par morceaux pour n'avoir point de jalousie à mon sujet..... mais l'autre, plus obstiné, disait toujours qu'il voulait m'avoir le premier, et qu'après il en serait ce qu'ils aviseraient pour le mieux, et le combat recommençait......

CHAPITRE XXXVI.

Je suis délivrée. Je retrouve ma tante.

Mon sort était décidé, et je n'avais plus d'espoir de salut. Un des voleurs venait de renverser l'autre à ses pieds, et me regardant comme le prix de sa victoire et de son sang, car il avait aussi plusieurs blessures, mais peu dangereuses, il avança à moi pour me détacher et me remmener dans le souterrain pour y assouvir sa brutalité....

Déjà, le poignard dans une main, et me tenant, de l'autre, par la corde qui m'avait liée à l'arbre, il me contraignait à le suivre..... lorsque des cris perçans et effrayans frappèrent mes oreilles, et nous vîmes soudain devant nous quatre cavaliers de maréchaussée, qui ajustaient le scélérat avec leurs pistolets, en lui ordonnant de s'arrêter.

Il lâcha aussitôt ma corde et s'enfuit à toutes jambes. Les cavaliers le tirèrent; une de leurs balles l'atteignit et le fit tomber. Ils s'en saisirent; et pendant cela, ma tante, mon ange tutélaire, qui était accourue derrière eux, car c'était elle dont je venais d'entendre les cris, se précipitait sur moi, et me couvrait de ses baisers et de ses larmes.

Il faut encore expliquer comment elle se trouvait là.

Quand elle s'était vue le matin abandonnée dans l'auberge, par ce misérable suborneur de Lafleur, qu'elle eût appris de l'hôte que cet imposteur et voleur effronté s'était donné à lui pour un marchand qui remmenait son fils à Bruxelles, en la laissant là comme une servante inutile; qu'il lui avait même vendu le carrosse qui nous avait amenées, et qu'il m'avait emportée toute endormie dans le cabriolet, elle comprit aussitôt toute l'étendue de sa scé-

lératesse et du danger que je courais
avec cet infame....

Elle dit donc à l'hôte, que ce marchand supposé lui avait menti sur tous
les points, qu'il n'était qu'un valet de
monsieur le grand vicaire , à qui le
vis-à-vis vendu appartenait , ainsi que
les chevaux ; et que moi , au lieu d'ê-
tre le fils de ce misérable , j'étais sa
nièce à elle-même , qu'il enlevait ; et
elle l'excita à faire courir après nous.

L'aubergiste courroucé d'avoir ainsi
été pris pour dupe, et de se voir compromis pour avoir acheté des effets volés (ce qu'il avait peut-être bien soup-
çonné d'abord à cause du bon marché
qu'on lui en avait surement fait , mais
ce qu'il ne voulait pas laisser croire),
en outre pour avoir favorisé un enlèvement, alla promptement faire sa déclaration au commandant de la maréchaussée de l'endroit, et demanda à
faire poursuivre le cabriolet.

La brigade étant commandée et prête

à partir, ma tante fit heureusement une réflexion judicieuse : elle imagina que ce fourbe de Lafleur n'avait annoncé qu'il allait à Bruxelles que pour dépayser sur sa route ; qu'en conséquence il fallait prendre le contre-pied.... Que de plus, comme il avait voulu déjà me louer une petite chambre à Paris, c'était vraisemblablement de ce côté qu'il aurait tourné. On se décida donc pour suivre ce chemin, et l'aubergiste voulut y aller aussi lui-même pour reconnaître son cabriolet et son homme ; et étant monté à cheval avec les cavaliers, ma tante avait voulu venir en croupe avec lui.

Or, malgré l'avance que ce Lafleur aurait dû avoir sur ses poursuivans, il avait perdu beaucoup de temps par la fausse route et les détours qu'il avait voulu faire pour tromper l'espion ; les voleurs nous ayant ensuite surpris à peu de distance, la brigade avait pu nous rattraper.... de plus, le cheval,

que les brigands avaient laissé aller avec
le cabriolet, s'était arrêté aux environs.
L'aubergiste l'ayant reconnu, avait avan-
cé dans la forêt sur la trace du sang
de ce Lafleur dont on avait retrouvé le
cadavre..... D'après cela, avertis par
mes premiers cris, au commencement
du combat des deux derniers voleurs,
ma tante et les cavaliers avaient couru,
et étaient enfin arrivés si juste à
temps.

Je repris donc bien vîte mes habits,
qui étaient à terre ; et les cavaliers,
après avoir fait perquisition dans le souterrain, que je leur indiquai, et pris
tout ce qu'ils y trouvèrent, ramassè-
rent et garrottèrent les deux voleurs qui
n'étaient que blessés, et le corps mort
de Lafleur, pour les ramener à l'endroit où nous avions arrêté la veille. Le
brigadier ordonna à l'aubergiste d'atte-
ler son cheval de main à côté de celui
de son cabriolet, et de monter dessus ;
et nous ayant fait monter, ma tante et

moi, dans la voiture, nous repartîmes tous ensemble pour l'auberge, où nous devions rester pour figurer et déposer comme témoins dans le procès criminel qui allait s'instruire.

D.

CHAPITRE XXXVII.

Vilaine tournure que prend pour nous cette affaire. Nous nous en tirons heureusement.

CETTE cruelle aventure, où nous étions évidemment victimes et bien innocentes, ma tante et moi, tourna cependant d'une manière fort inquiétante pour nous. Le juge de l'endroit ne cherchant, pour faire preuve de sa sagacité, qu'à trouver des coupables de plus, se figura, d'après les détails de l'affaire, que nous étions complices de monsieur de Lafleur dans le vol fait au grand vicaire, de sa voiture et de son argent; en conséquence, il commença par nous faire traduire en prison.

Personne ne pouvait déposer en notre faveur, monsieur de Lafleur, le seul coupable de ce crime, ayant été tué dès le matin, et les deux voleurs arrêtés, étant morts pendant la nuit, des suites de leurs blessures.

L'hôte ne pouvait rien dire non plus à notre décharge, sinon que ma tante l'avait averti de la scélératesse de ce valet du grand vicaire, et que c'était d'après son avis qu'on avait arrêté les brigands et retrouvé l'argent. Mais le juge observait qu'elle n'avait parlé que le lendemain, quand elle s'était vue abandonnée par le scélérat avec qui nous avions consenti la veille à fuir, vraisem-blablement dans l'intention de parta-ger avec lui les fruits de son vol et de sa trahison.

Nous passâmes donc ainsi huit jours en prison dans des appréhensions et des souffrances mortelles, nous attendant à tous momens, comme on nous en menaçait, à être conduites à Paris par la maréchaussée, pour y être jugées ; et toutes les apparences étant contre nous, nous nous regardions déjà comme prêtes à être sacrifiées par le glaive d'une justice, hélas ! quelquefois bien aveugle.

Ce qui ajoutait le plus encore à notre douleur, c'était la cruelle précaution que l'on avait prise de nous séparer, pour nous empêcher de nous concerter ensemble pour les réponses que nous devions faire à nos interrogatoires. Le coup de la mort nous aurait été moins sensible que cette terrible séparation. Chacune de nous crut que l'on emmenait l'autre pour la conduire au supplice, et toutes deux fondant en larmes, en croyant nous dire un éternel adieu, nous demandions du moins par grâce, en protestant toujours de notre innocence, la douloureuse consolation de mourir ensemble.

On fut inexorable. On nous arracha des bras l'une de l'autre. On nous fit monter chacune dans une charrette avec d'autres véritables criminels qui allaient subir leur arrêt, et escortés par un dé-

tachement de cavaliers, nous partîmes
pour Paris.

Déjà nous étions en marche pour ce
fatal voyage, quand une berline atte-
lée de quatre beaux chevaux, passa ra-
pidement devant notre triste convoi :
c'était celle du grand vicaire, qui pour
des raisons particulières avait changé
son chemin.

Le brigadier de maréchaussée, reconnaissant la livrée des domestiques,
et les armoiries de la voiture, et voulant se faire honneur en annonçant à
ce prélat, et le vol qui lui avait été
fait, et la diligence avec laquelle il
avait récupéré ses effets, poussa son
cheval après la berline, l'atteignit, et
fit sa déclaration.

Le grand vicaire, fort étonné de cette
étrange aventure, ordonna à son cocher de le conduire à cette même auberge où Lafleur avait vendu son vis-à-
vis, et dit au brigadier de m'y amener
avec ma tante. Il revint donc nous re-

tirer de ces tombeaux ambulans, ef-
frayantes annonces de celui où nous
comptions devoir bientôt être enseve-
lies, et nous reconduisit, à pied et
attachées ensemble par une même
corde, à la chambre où le prélat nous
attendait seul.

Plus surprises que confondues à son
aspect, puisque nous n'avions véritablement pas de reproches à nous faire,
nous tombâmes à terre devant lui, mouil-
lant le carreau de nos larmes, et sans
pouvoir proférer une parole.

Il fit sortir le brigadier, et nous
apostrophant d'un air très-courroucé,
d'après la complicité qu'il nous croyait
avec son perfide domestique, il nous demanda si c'était là la reconnaissance que
nous aurions dû lui témoigner des bontés
qu'il avait voulu avoir pour nous.

Je restai muette et éperdue.... mais
ma tante, qui avait plus de fermeté
que moi, et sur-tout beaucoup plus de
jugement et de connaissance des hom-

mes , sentit tout d'un coup que notre
innocence, et sur-tout les excuses trop
raisonnables de notre vertu , ne suffi-
raient pas pour adoucir celui qui avait
voulu l'attaquer ; pensant au contraire
qu'il fallait dissimuler un peu de la vérité pour le prendre par son endroit sensible..... car elle avait encore vu , au
premier coup d'œil qu'il avait jeté sur
moi , qu'il avait encore de l'inclina-
tion... ou au moins de la concupiscence
pour ma personne....

« Comment , monseigneur , lui dit-
» elle , pouvez-vous imaginer que ma
» nièce et moi soyons assez scélérates
» pour avoir conçu l'infame dessein de
» vous voler une faible somme d'argent,
» quand vos bontés nous faisaient espé-
» rer d'en obtenir bien davantage, et
» sans reproches , puisque vous nous
» l'offriez de vous-même !... Comment
» pouvez - vous supposer qu'une jeune
» fille qui, indépendamment de votre
» mérite personnel (effectivement, le

» grand vicaire était bel homme et
» jeune), est susceptible de vanité et
» d'amour propre, ait pu préférer l'hu-
» miliation de vivre avec un misérable
» valet, à l'honneur d'être protégée par
» un grand seigneur, un des premiers
» prélats de l'église ? ».....

(Elle savait que les grands vicaires deviennent bientôt évêques).

Ce discours de ma tante m'étonna d'autant plus de sa part, que, sauf pour les louis du peintre lors de mon dé-guisement en sainte Suzanne, c'était la première fois que je la voyais tergiver-ser avec sa conscience...

Quoi qu'il en soit, s'appercevant que l'orgueil du grand vicaire était flatté des louanges qu'elle lui prodiguait, et sans lui rien avouer du consentement que nous avions donné aux proposi-tions de monsieur de Lafleur, elle lui raconta seulement et pathétiquement, comme quoi elle avait cru fermement, ainsi que moi, qu'il nous conduisait à

l'endroit que monseigneur lui avait dé-
signé ; comme quoi ce scélérat nous
avait endormies à table ; comme quoi
il m'avait enlevée en la laissant à l'auberge ; comme quoi il avait voulu me
faire violence en chemin.... bref, tous les
dangers que j'avais courus depuis, pour
avoir cru obéir à ses ordres (ce que, lui
observa-t-elle adroitement, nous n'avions
pas encore voulu déclarer à la justice
par respect pour lui.....), et finit par
le conjurer de s'informer à l'aubergiste,
qui lui confirmerait notre double assou-
pissement, ce qui était suffisant pour
lui prouver la violence de son scélérat
de valet envers nous, et notre ignorance sur ses projets criminels.

Elle plaida si bien notre cause, que
monseigneur se laissa attendrir comme
elle l'avait prévu, et que son amour
pour moi se réveilla tout-à-fait........,.
Alors il me demanda d'un ton vraiment amical, si je consentais de bonne
foi à recevoir de lui les secours que

l'intérêt qu'il prenait à moi, le portait
à m'offrir.

Embarrassée de cette question, qui me
paraissait équivoque , mais cependant
significative , je baissai les yeux sans
oser faire de réponse , craignant de l'ir-
riter de nouveau.... mais ma tante, qui
avait ses vues, se hâta d'en faire une
pour moi....

« Très-certainement , monseigneur,
» dit-elle , nous nous trouverons tou-
» jours trop honorées de vos moindres
» bontés.

» Que votre nièce veuille donc bien
» me le confirmer un peu, reprit-il. —
» Oh ! monseigneur , elle est si ti-
» mide !..... c'est encore une enfant,
» voyez-vous !........ Suzon , baisez la
» main de monseigneur pour le remer-
» cier »....

Et elle lui prit elle-même la main,
sur laquelle elle poussa ma tête...

« Oh ! je n'exige pas d'elle tant de
» respect, dit-il galamment; un peu de

» reconnaissance , à la bonne heure ».
Et il m'embrassa fort affectueusement ,
d'abord sur le front et ensuite sur les
joues.

« Soyez tranquilles sur cette vilaine
» affaire , ajouta-t-il , je vais tout ar-
» ranger en deux mots. Prenez ces dix
» louis , dit-il à ma tante ; une lettre ,
» que j'ai reçue de monseigneur l'évê-
» que , a changé et allongé ma route
» de quelques jours , mais dans une
» semaine je repasserai ici : restez-y en
» attendant , et sans parler absolument
» de ce que je veux faire pour vous ;
» dites seulement à l'hôte que je vous
» ai donné quelque chose pour dédom-
» magement de ce que vous avez souf-
» fert à l'occasion de mon traître de
» valet.... J'enverrai en avant , la veille
» de mon retour , un homme plus fi-
» delle que le premier ; vous pourrez
» le suivre en assurance ; il aura mes
» ordres , et une voiture vous attendra
» à une lieue d'ici , pour ne pas donner

» prise aux malignes interprétations; et
» je saurai vous rendre plus heureuses
» que vous ne l'avez été jusqu'à pré-
» sent ».

Ma tante, pour achever sa comédie,
se rejeta de nouveau à ses pieds, en
m'en faisant faire autant, et l'appelant
notre sauveur et notre bienfaiteur : il
nous releva vivement, et m'embrassant
encore, et plus amoureusement cette
fois..... « Huit jours de patience, ma
» belle enfant, me dit-il, et je saurai
» vous faire oublier tous vos chagrins ».
Alors il fit appeler le brigadier. Comme
Lafleur était mort, et que le secret de
la commission amoureuse dont il l'avait
chargé, n'était connu que de nous, ainsi
que ma tante avait eu l'attention de le
lui déclarer, le *decorum* de son état
n'avait reçu aucune atteinte par cet
événement, qui ne devait plus être en-
visagé que comme un vol de valet, qui,
nous ayant rencontrées en route, avait
voulu me séduire pour son compte.

Le grand vicaire dit donc au brigadier, que, d'après les dépositions de l'aubergiste, et les preuves que nous lui venions de donner toutes deux de notre innocence, il demandait que l'on ne fît plus de poursuites contre nous ; que même, comme nous avions été soupçonnées injustement, et maltraitées, il avait cru nous devoir des dédommagemens ; qu'il désirait donc qu'il ne fût plus question de cette aventure, puisque son domestique, le seul coupable, avait été puni.

Le brigadier assura monseigneur que pour se conformer à ses désirs, qui valaient pour lui des ordres, il allait faire biffer toute la procédure au bailliage de l'endroit, et partit en nous faisant, à ma tante et à moi, toutes sortes de complimens de félicitation. Le grand vicaire dit ensuite à l'aubergiste que pour réparer le mal que nous avions souffert, nous allions rester quelque temps dans son auberge ; qu'il l'engageait à avoir des égards pour nous, et

E.

qu'il répondait de notre dépense ; qu'il gardât toujours son vis-à-vis et les chevaux que son valet lui avait vendus, et qu'en repassant, dans huit jours, il réglerait tous ces comptes-là, et il remonta en voiture, et continua sa route.

CHAPITRE XXXVIII.

C'est à présent l'aubergiste qui m'attaque. Scène effrayante avec lui. Comment je m'en retire.

Sɪᴛᴏ̂ᴛ que je me trouvai seule avec ma tante, elle me dit : « Eh bien, ma pau-
» vre Suzon ! nous éprouvons presque
» tous les jours des tribulations nou-
» velles ; mais voilà encore une mar-
» que bien signalée de la protection de
» nos bonnes patronnes, qui ne nous
» abandonnent jamais, et cela, parce
» que nous avons le cœur pur et la
» conscience nette..... Sais-tu que nous
» en voilà réchappées là d'une fière !....
» être traînées comme ça, liées avec
» des criminels, pendant toute une
» route, pour être ensuite condamnées
» et exécutées à Paris comme des vo-

» leuses !..... car une fois là, le grand
» vicaire n'aurait plus voulu se mêler
» de toi, et aurait au contraire fait
» presser notre supplice, tant pour ne
» pas être compromis là-dedans, que
» parce qu'il nous aurait crues vérita-
» blement coupables..... Oh ! pour moi
» je n'aurais pas été jusque-là, je serais
» morte en chemin !..... et sûrement
» toi aussi, ma chère enfant....... Mais
» enfin nous en voilà heureusement
» quittes et bien lavées, et dix louis
» devant nous encore, pour attendre
» ce que la providence voudra nous en-
» voyer à présent ».

Tout en partageant la satisfaction
qu'elle ressentait de notre délivrance
presque miraculeuse, je lui avouai
l'extrême surprise où j'étais de l'avoir
vu changer ainsi de sentiment, et
que je ne pouvais point concilier les
promesses coupables qu'elle avait faites
pour moi au grand vicaire, avec les
principes de vertu qu'elle m'avait toujours

recommandés jusqu'à ce moment. Je lui déclarai même que j'aimerais mieux mourir de misère, que de racheter ma vie, ou de me procurer de l'aisance par la perte de mon honneur et de mon innocence.

« Que tu es donc simple, mon en-
» fant ! me dit-elle, est-ce que j'ai donc
» jamais eu l'envie de tenir la plus pe-
» tite des choses que la situation terri-
» ble où nous étions toutes les deux,
» m'a engagée à laisser espérer au
» grand vicaire ? Nous ne lui avons
» même rien promis du tout..... nous
» lui avons simplement laissé croire ce
» qu'il désirait........ Mais il y a un
» vieux proverbe, mon enfant, qui dit
» que *de deux maux il faut choisir le*
» *moindre*. C'était là le cas de m'en
» souvenir......et heureusement je m'en
» suis souvenue........

» Un puissant, mais vicieux person-
» nage peut vous perdre ou vous sau-
» ver d'un mot.... Au lieu de vous se-

» courir et de vous rendre justice par
» vertu ou par humanité, il abuse de
» votre malheur pour former des pro-
» jets criminels, pour vous proposer de
» vous sauver par le vice, et ose con-
» cevoir des espérances sur votre fai-
» blesse et sur votre infortune..... Vous
» ne pouvez pas empêcher cela; et la
» prudence, comme la raison, vous
» conseillent très-fort de profiter de
» son erreur pour vous affranchir d'une
» double infamie, celle d'un supplice
» ignominieux et non mérité, et celle de
» la perte de votre honneur, qu'il vou-
» drait vous ravir.

» Il nous a donc délivrées d'abord,
» il a bien fait. Il nous a dit ensuite de
» l'attendre ici, pour nous déshonorer;
» nous ferions mal, et il est bien dupe
» de le croire. Il nous a donné, après
» cela, dix louis, et nous avons très-
» bien fait de les recevoir, parce qu'ils
» vont tout justement nous servir à nous
» éloigner de lui. Nous avons huit jours

» d'avance pour cela, et en lui évitant
» de commettre une horreur, nous lui
» payons encore l'intérêt de son argent.
» Ah! c'est différent, repris-je, ma
» tante, si c'est comme ça que vous
» l'entendiez. — Oh! très-fort comme
» ça, ma nièce, et je crois bien même
» que c'est mon bon ange qui m'a ins-
» piré l'idée que j'ai eue là de le flatter
» un peu par où ça le démangeait......
» Ecoute donc, c'est que nous étions en
» route là dans un triste et vilain équi-
» page, au moins! au lieu que, grâce à
» ma petite politique, nous allons voya-
» ger d'un autre côté, et un peu moins
» mal à notre aise, quoiqu'à pied......
» Le bon Dieu a dit, *aide-toi*, *je t'ai-*
» *derai.* Eh bien, j'ai donné là le pre-
» mier coup d'épaule pour nous tirer
» d'un fier bourbier, et il faut espérer
» qu'il nous donnera le second pour
» nous mettre tout-à-fait dans le bon
» chemin. Nous allons passer ici le
» reste de la journée et la nuit, pour

» nous reposer un peu, et nous remettre
» le corps et l'esprit de nos cruelles fa-
» tigues, et demain, dès le point du
» jour, nous battrons aux champs sans
» tambours ni trompettes, et sans prier
» l'aubergiste de faire nos complimens
» au grand vicaire. Demandons toujours
» à dîner, et pour le dédommager,
» nous boirons à sa santé; ensuite nous
» prierons le ciel pour qu'il le rende
» plus sage ».

Ce plan de ma tante était bien con-
certé, il ne restait plus qu'à le mettre
à exécution...... mais c'est où le diable
nous attendait toujours.

L'hôte, sans que nous lui eussions
rien demandé de particulier, ma tante
l'ayant seulement prié de nous donner
à manger, nous servit un excellent
dîner, beaucoup trop délicat même
pour des personnes comme nous, ce
qui fit faire à ma tante encore une réflexion, qu'elle me communiqua pendant qu'il était allé nous chercher du

dessert, qu'il s'obstinait à nous servir
malgré nous.

« Vois-tu, Suzon, me dit-elle, quelle
» épargne nous allons encore faire à ce
» cher homme de vicaire qui te veut
» du bien !..... C'est parce qu'il a dit
» qu'il paierait notre dépense, que l'hôte
» nous sert comme ça..... et que ce
» marchand intéressé, qui nous refu-
» serait peut-être de l'eau au compte de
» notre pauvreté, nous force à boire
» son meilleur vin, sous la responsabi-
» lité d'un homme riche ! Or, juge donc
» à combien monterait la carte de huit
» jours, à quatre repas pareils chacun !...
» En vérité, ça mangerait bien une
» demi-année des revenus de sa grand'-
» vicairerie !..... mais nous l'en tiendrons
» quitte pour deux repas..... Certaine-
» ment c'est avoir de la conscience » !

L'hôte m'avait beaucoup reluquée pendant notre dîner, et avec l'air de mé-
diter quelque chose...... et moi, je rou-
gissais et je baissais les yeux toutes les

fois que je rencontrais les siens, me rappelant qu'il m'avait vue toute nue dans la forêt où ces voleurs m'avaient attachée à un arbre….. Lui, de son côté, faisait des réflexions sur l'intérêt que le grand vicaire paraissait prendre à moi. Il nous fit même plusieurs questions à ce sujet……. nous dit qu'il était fort riche, capable de me faire beaucoup de bien, et m'engagea à tout faire pour mériter ses bontés.

Nous pensâmes, ma tante et moi, que ce prélat, en partant, lui avait donné la commission de nous parler ainsi, et peut-être celle de nous surveiller, ce qui décida encore davantage notre projet d'évasion. Mais il avait d'autres vues particulières, dont je ne tardai pas à être instruite.

Sitôt après le dîner, l'hôte ayant desservi notre table, et étant descendu à la cuisine, ma tante sortit, sous le prétexte de prendre un peu l'air, parce que, disait-elle, elle avait trop mangé….

mais véritablement dans l'intention d'aller prendre quelques renseignemens sur la route, les environs, et les moyens que nous pourrions nous procurer pour nous éloigner le plus promptement possible de cet endroit, qu'elle regardait déjà comme une seconde prison pour nous; et pour ne pas donner de défiance à l'hôte, elle me fit rester, ayant pris la précaution de m'enfermer dans notre chambre, à double tour, et d'en emporter la clef, en me conseillant de me jeter sur le lit, et de faire un somme pendant le temps de son absence.

Je la crus, je la laissai partir, et je m'endormis effectivement, car j'en avais grand besoin. Je ne sais si c'était une inspiration ou un pressentiment de ce qui devait m'arriver..... Mais à peine eus-je fermé les yeux, qu'un rêve affreux vint me tourmenter.

Il me semblait qu'un monstre en forme de serpent s'avançait vers moi, la

gueule ouverte, pour me dévorer; que
je voulais le fuir, mais que mes genoux
faiblissant sous moi, je tombais sans
défense, et que le serpent m'entortil-
lant des longs replis de son effroyable
queue, terminée par un triple dard
dont il me perçait déjà, s'apprêtait à
sucer tout mon sang !......

Réveillée en sursaut par ce songe horrible, et m'agitant douloureusement sur
mon lit, je vis auprès de moi l'aubergiste, qui était entré dans ma chambre,
dont il avait ouvert la porte au moyen
d'une double clef. Il tenait d'une main
un papier, et de l'autre un pistolet.....

A cet aspect, aussi effrayant que tout
ce que j'avais cru voir dans mon rêve,
je jetai un cri terrible.

« N'ayez aucune peur, ma belle en-
» fant, me dit-il, et sur-tout ne criez
» pas. Ne dites mot, même, et laissez-
» moi parler. Je ne viens ici qu'avec de
» bonnes intentions pour vous; mais

» j'ai pris mes précautions pour vous
» déterminer à y consentir ».

Plus confondue encore de ce début,
l'épouvante et le saisissement m'ôtant
la force de l'interrompre, il eut toute
la liberté de m'expliquer son abomi-
nable dessein.

« Je vous ai vue, me dit-il, toute nue
» dans la forêt. Tous les charmes de
» votre corps, ainsi que ceux de votre
» délicieuse figure, m'ont inspiré pour
» vous la passion la plus vive, et j'ai
» pensé qu'il serait doublement avanta-
» geux pour vous de la satisfaire...... Je
» n'entre pas dans les détails de ce qui
» s'est passé entre vous et ce scélérat
» de valet qui vous avait enlevée......
» peut-être de votre bon gré...... Mais
» depuis vous avez consenti à écouter le
» grand vicaire, qui, quoiqu'il puisse
» vous faire du bien, ne peut que vous
» déshonorer, parce que vous ne seriez
» toujours qu'une fille entretenue......
» Moi, je vous offre beaucoup mieux

» que cela, je mets votre honneur à
» couvert en vous épousant, et je vous
» donne un état.

» De plus, comme je ne suis ni ridi-
» cule, ni jaloux, ni égoïste, une fois
» assuré de la possession de vos beautés,
» je n'empêcherai pas que monsieur le
» grand vicaire, qui est premier en date
» sur moi, jouisse toujours de même de
» la petite part que vous voudrez bien
» lui en faire, et je fermerai les yeux
» là-dessus, comme tant d'autres maris;
» nous nous en trouverons infiniment
» bien. Premièrement, il prendra plus
» d'intérêt encore à vous quand il vous
» verra mariée; d'abord, parce que cela
» conservera un *decorum* pour lui, qui,
» en venant ici pour vous voir, n'aura
» que l'air de s'arrêter dans une au-
» berge, puisque le titre de mon épouse
» vous mettra à l'abri du soupçon, et
» cela ne donnera pas le scandale d'un
» prêtre qui vient voir une fille qu'il
» entretient.

» Secondement, ensuite parce que
» voyant que vous n'avez pas besoin de
» lui pour exister, il croira devoir payer
» vos complaisances bien plus cher que
» si vous étiez sans aveu, et uniquement
» sous sa dépendance.

» Troisièmement enfin, par la dé-
» pense que lui et ses gens feront dans
» notre auberge à tous ses voyages ».

La frayeur m'avait d'abord, comme
j'ai dit, ôté la force de parler ; mais l'horreur d'une si infame proposition me la
fit retrouver.

« O ciel ! m'écriai-je, homme vil et
» indigne, osez-vous bien, si vous avez
» perdu tout sentiment d'honneur , sup-
» poser que je serai capable, moi, de
» me prêter, de m'associer à une lâ-
» cheté aussi criminelle ?..... Ah ! plu-
» tôt mourir ; et puisque vous avez déjà
» préparé votre arme meurtrière, don-
» nez-moi le coup mortel, et délivrez-
» moi de la douleur de vous entendre.

» Oh ! non, non, reprit-il, en écu-

» marit de fureur, et ce n'est pas là que
» je bornerai ma vengeance, si vous
» n'acceptez pas ma proposition. L'a-
» mour que je vous ai déclaré avoir
» pour vous, est une rage que je veux
» satisfaire à tel prix que ce soit, et si
» je n'y réussis pas, je suis déterminé
» à tout, et ma vie ne m'est plus
» rien....... Mais nous pouvons termi-
» ner l'aventure d'une manière moins
» tragique, et je suis venu pour vous
» donner le choix. Voilà une promesse
» de mariage bien cimentée de ma part,
» et déjà signée de moi, et que nous
» ratifierons demain; signez-la de même,
» et après m'avoir accepté pour mari,
» accordez-m'en sur-le-champ tous les
» droits..... ou ce premier pistolet va
» vous punir de votre refus, et ce se-
» cond, ajouta-t-il, m'en tirant un autre
» de sa poche, et à deux coups, est
» pour votre tante, au moment où elle
» rentrera....,. le dernier coup sera pour
» moi, et aucun de nous trois ne sur-

» vivra au furieux désespoir où vous » m'aurez poussé.......».. La mort ne m'intimidait pas pour moi ; j'aurais voulu être anéantie...... mais l'affreuse idée d'être cause de celle de ma malheureuse tante, révoltait et glaçait tous mes sens.

Incapable de répondre, ni de choisir en une si cruelle alternative, un froid mortel me saisit, un nuage épais obscurcit mes yeux..... Je sentis que tout mon être se décomposait, et je tombais sans connaissance et sans sentiment, livrée à la merci et aux fureurs de ce scélérat, qui allait profiter de ma défaillance pour consommer son horrible forfait........ lorsque des coups de fouet de poste bruyans, et répétés vivement, annoncèrent l'arrivée d'une diligence qui arrêtait, par extraordinaire, devant la porte de l'auberge.

L'hôte intéressé, comme on l'a pu voir par son odieux calcul dans la proposition qu'il venait de me faire de son mariage avec moi, descendit aussitôt pour recevoir ce monde, en me renfermant, et pensant bien qu'il me retrouverait un peu plus tard, et qu'ayant huit jours devant lui, jusqu'au retour du grand vicaire, il aurait le temps d'en venir à ses fins......

Pendant l'embarras de la sortie de tous les gens de la voiture, et de leur entrée dans l'auberge, ma tante revint aussi, et traversa la cuisine sans être aperçue par l'hôte, occupé à répondre aux voyageurs, qui lui commandaient bien vîte un souper, parce qu'ils devaient repartir le plutôt possible, et marcher toute la nuit, pour regagner du temps qu'ils avaient perdu par l'accident d'une roue cassée en chemin.

Ma tante, remontée et rentrée dans ma chambre, fut interdite et alarmée de me trouver en cet état. Elle s'empressa de me donner des secours et de

me faire revenir. Je repris enfin connaissance..... Mais, toujours mortelle—
ment affectée des odieuses idées que
m'avaient laissées la scène affreuse que
je venais d'éprouver, je n'osais pas
ouvrir les yeux, craignant de revoir
l'infame assassin qui m'avait menacée.

La voix de ma pauvre chère tante
frappa enfin mon oreille. Je n'osais en
croire le rapport de mes sens..... Elle
parlait, me caressait........., appelait sa
chère nièce..... et je doutais encore de
la possibilité du bonheur de me retrouver dans ses bras.....

J'en fus cependant convaincue, et
les larmes de cette tendre femme tom-
bant sur mon visage, me firent enfin
ouvrir les yeux, et en la reconnaissant,
je me précipitai sur elle, et je retombai
de nouveau en faiblesse...... mais par
l'excès de la joie et de l'attendrisse—
ment.

Lorsque, tout-à-fait revenue, j'eus

appris à ma tante ce qui venait de se
passer, la bonne femme pensa devenir
folle..... et ses exclamations, et ses im-
précations multipliées contre les hommes
et contre notre étoile, me firent craindre qu'elle ne perdît véritablement
l'esprit.

Cependant, après ce premier transport, revenant toujours à des idées de
religion qu'elle avait réellement dans le
cœur, elle se prosterna et remercia
l'Être suprême, qui m'avait encore préservée de ce nouveau danger........ Se
relevant ensuite avec fermeté, et comme
inspirée, elle me dit vivement : « Viens-
» t'en, ma nièce, il n'y a pas un mo-
» ment à perdre; fuyons cette maison
» maudite, c'est une nouvelle Gomorrhe
» et Sodome, où l'hôte impudique
» violerait des anges, et qui tôt ou tard
» sera consumée par le feu du ciel.
» Profitons de l'attention que ce mal-
» heureux est obligé de mettre à servir
» tout son monde, et tandis qu'il ne

» pense pas à nous, mettons-nous à
» l'abri de ses persécutions.

» Je le veux bien, ma bonne tante,
» sortons d'ici........ mais où allons-
» nous porter nos pas ? Cachons-nous
» plutôt quelque part. Voilà la nuit, et
» nous ne pourrions pas aller loin sans
» courir d'autres dangers , peut-être
» plus grands encore. — Viens toujours,
» le premier danger est le plus pressant
» à éviter. La providence pourvoira aux
» autres ; elle ne nous a pas encore
» manquée ».

Nous guettâmes donc le moment où
l'hôte était le plus entouré de monde à
ses fourneaux, ou occupé dans la salle
après les voyageurs, et nous nous glis-
sâmes l'une après l'autre, sans être re-
marquées par deux vieilles servantes et
un chef de cuisine, qui étaient les
seuls commensaux de cette maison, et
nous coulâmes le long de la cour,
pour regagner la porte charretière, qui

donnait sur là, route. Nous l'ouvrîmes doucement, et nous sortîmes enfin en faisant chacune un grand signe de croix, et priant Dieu de nous conduire à bon port.

CHAPITRE XXXIX.

Nous sommes volées sur le chemin. Désespoir de ma tante. Rencontre imprévue.

Nous voilà donc sur le grand chemin, marchant sans savoir où nous allions, car nous n'avions pas encore eu le temps de former un plan réfléchi; mais avançant, pour fuir l'aubergiste, le grand vicaire, le petit vicaire, le prieur des Carmes, le procureur...... et tout l'univers masculin, si nous l'avions pu.

Comme au lieu de marcher, nous courions, au bout de près d'une heure de cette course, nous trouvant hors d'haleine, et assez loin déjà pour n'avoir plus à craindre du moins de l'aubergiste, ma tante me proposa de nous arrêter un instant, autant pour nous reposer que pour réfléchir un peu sur ce que nous avions de mieux à faire dans cette circonstance. Nous nous assîmes donc sur le bord du chemin.

Des dix louis que ma tante avait reçus du grand vicaire, elle avait eu la précaution dans changer deux dans l'après-dîner, avant de quitter l'auberge, en argent blanc, pour les besoins de notre route, et pour n'être pas obligées de présenter de l'or en chemin, ce qui aurait pu nous rendre suspectes, vu la mesquinerie de notre ajustement. Elle voulut encore en avoir une seconde par prévoyance, en cas d'événement fâcheux, ce fut de partager notre petit trésor entre nous deux, pour ne pas risquer de perdre tout le magot à-la-fois... mais cette attention même à le conserver, fut justement ce qui nous le fit enlever.

Comme nous étions sur le revers d'un fossé, à faire ce partage, deux hommes passèrent...... Avant que nous eussions pu les voir, ni eux, nous, ils entendirent le son de nos écus, que ma tante comptait et recomptait. Voleurs d'habitude, ou non, le proverbe qui dit que *l'occasion fait le larron*, fut vérifié dans ce moment. Les deux passans réglèrent leur marche, et vinrent droit, mais sans bruit, à ce son agréable et attirant ; ils furent sur nous, et nous surprirent les espèces dans les mains, qu'ils nous saisirent à-la-fois par-derrière, avant que nous les eussions même encore soupçonnés.

Nous vîmes alors deux soldats avec des havre-sacs, qui allaient sans doute rejoindre leur régiment.

« Vieille sorcière ! dit l'un d'eux à ma
» tante..... c'est le diable apparemment
» qui t'a envoyé cet argent-là, car, à
» ton équipage, tu n'as pas l'air d'être
» faite pour qu'il t'appartienne légiti-
» mement ; et à ta mine, et à celle de
» ton petit compagnon, vous ne pouvez
» pas non plus l'avoir volé par force.....
» Ainsi donc, comme nous ne craignons

» pas le diable, nous, non plus que
» ceux qu'il protége, nous nous appro-
» prions ces louis et ces écus-là..... S'ils
» sont faux, comme j'en ai grand peur,
» venant d'un fournisseur aussi sca-
» breux, nous le dénoncerons à l'au-
» mônier de notre régiment, et s'te
» perte-là ne vous fera pas de tort, à
» vous ; mais s'ils sont bons et valables,
» nous boirons avec à votre santé et à
» la sienne, en reprenant des forces
» pour aller battre les ennemis de la
» nation, et votre féal protecteur vous
» en renverra d'autres.......

   » En attendant ce secours-là du dia-
» ble votre patron, remerciez Dieu de
» ce que nous ne sommes ni des vo-
» leurs qui vous ôteraient la vie, ni des
» archers qui vous emmèneraient pour
» vous la faire perdre ; car franche-
» ment, vous ne m'avez pas trop l'air de
» mériter de vivre ».

   Cependant, malgré cette grâce qu'il
semblait nous faire, le second soldat

ayant tiré son sabre, témoignait la plus grande envie de l'essayer sur nos têtes.

« Par la sambleu ! disait-il à l'autre,
» en prenant déjà la mesure de nos
» cous, s'ils sont de la bande de quel-
» ques voleurs, comme ça m'en a tout
» l'air, c'est rendre service à la société
» que la purger de cette clique in-
» fame...... et si c'est comme tu dis,
» toi, une vieille sorcière qui mani-
» gance avec le diable, je suis curieux
» de voir s'il a le secret d'endurcir ses
» protégés, et si le cou de s'te magi-
» cienne-là ébréchera la lame de mon
» briquet, à qui j'ai donné le fil ce ma-
» tin..... Tiens-toi bien, vieille mégère,
» et réclame-toi de Belzébuth, je vas
» t'envoyer au sabbat ».

Alors, la prenant par les cheveux, il levait déjà son sabre, quand le bruit d'une forte voiture traînée par plusieurs chevaux, se fit entendre de loin, venant de notre côté.

Le soldat tueur lâcha les cheveux

de ma pauvre tante, mais le preneur ne lâcha pas nos louis ni nos écus, et s'enfuyant tous deux bien vîte par un chemin de traverse, ils nous laissèrent, ma tante et moi, à moitié mortes de frayeur, et tout-à-fait ruinées et sans ressources.

Désespérée de ce dernier coup, et hors d'elle-même, ma tante perdant absolument la tête, regrettait de n'avoir pas été tuée par ce soldat, ou soi-disant soldat, qu'elle regardait comme un voleur déguisé; et lasse de vivre, disait-elle, et décidée à finir sa déplorable existence, elle courut se jeter sur le milieu du chemin, pour que la voiture, qui arrivait grand train, lui passât sur le corps...... Effrayée de cet acte de désespoir et de folie, je me mis à pousser des cris affreux......

Le postillon arrêta ses chevaux tout court : c'était la diligence qui avait soupé à notre auberge. Les voyageurs s'informant de la cause de cette alarme, je racontai en peu de mots, et en sanglotant, le vol qui venait de nous être fait, et le désespoir de ma tante. Elle-même, que j'avais relevée avec l'aide du postillon, qui était charitablement descendu de son cheval pour la ramasser, confirma ce que je venais de dire, en assurant que puisque la voiture ne l'avait pas écrasée, elle allait en attendre une autre, ou se détruire elle-même.

Un des voyageurs, frappé du son de sa voix, lui demanda d'un ton d'intérêt, pourquoi elle se trouvait là à cette heure, et qui elle était.

« Oh ! pourquoi je me trouve là, ré-
» pondit-elle, c'est un enchaînement
» d'histoires trop long à raconter, et
» votre diligence aura plutôt achevé son
» voyage que je n'aurais terminé le
» récit de tous mes malheurs, et de
» ceux de ma pauvre nièce...... (car,
» toute entière à sa sensibilité pour ma
» personne, elle ne pensait plus à mon

» habit); mais pour qui je suis, c'est
» plus aisé à savoir, et je peux le dire
» sans honte, car je n'ai jamais rien
» fait dont je doive rougir, et qui m'o-
» blige à cacher mon nom. Je m'appelle
» Geneviève Dubu, fille de feue made-
» leine Dubu, jadis blanchisseuse près
» de Neuilli.

» Geneviève Dubu ! s'écria le voya-
» geur qui venait d'interroger ma tante...
» conducteur, il y a des places dans la
» diligence, faites-y entrer cette femme
» avec sa nièce ; jé paierai pour elles
» deux ».

Le conducteur ouvrit donc la por-
tière, et nous engagea à monter..... et
comme il n'était pas raisonnable de
s'obstiner à passer la nuit sur le chemin, nous y consentîmes. Le postillon
fouetta, et nous partîmes sans deviner
encore qui pouvait être celui qui se
chargeait ainsi des frais de notre
transport.

CHAPITRE XL.

Qui était ce voyageur qui s'intéressait à ma tante.

Il était nuit, on ne se voyait pas dans cette voiture. Ma tante, trop émue de l'événement cruel où elle venait de courir doublement le risque de la vie, par le sabre du voleur et par les roues de la diligence.... et qui nous avait enlevé la dernière ressource qui nous restait pour exister, ne faisait guères attention aux voix de ceux qui l'interrogeaient sur notre aventure; elle ne distinguait pas celle d'un homme qu'elle connaissait bien et depuis long-temps, mais à qui elle était fort éloignée de penser alors, et dont elle ne pouvait pas se croire si proche.

Ce même homme fut le premier à dire qu'il était à propos de ne pas la

fatiguer ainsi de toutes ces interroga-
tions, qui ne servaient, pour le moment, qu'à renouveler son chagrin,
et qu'il fallait la laisser un peu remettre de la frayeur qu'elle avait eue, mais
qu'il la connaissait, et qu'il répondait
qu'elle était une honnête personne.

L'obscurité et le mouvement de la
voiture ayant à mesure assoupi tous les
voyageurs, il ne resta plus d'éveillés
que ma tante et moi, et peut-être celui
qui nous avait fait entrer dans la diligence ; mais prudemment, il crut
devoir attendre au lendemain pour se
faire reconnaître de ma tante.

J'étais à côté d'elle, et j'éprouvais bien
sans doute ses mêmes sentimens sur la
cruelle singularité de notre position.
Nous étions dans une diligence qui
nous emmenait sans que nous sussions
où ; nous ignorions de même avec qui
nous nous trouvions ; et un homme de
cette compagnie cependant s'intéressait
à nous....

« Ce qui me rassure un peu, me
» disait tout bas ma tante, c'est que
» c'est moi que cet homme-là connaît...
» je serais inquiète si c'était toi; je soup-
» çonnerais encore quelqu'anicroche;
» mais c'est à moi qu'il en a, il ne peut
» pas y avoir de danger... Enfin, allons
» toujours; le bon. Dieu fera faire clair
» demain, nous verrons notre monde;
» et à tel endroit que la diligence nous
» arrête, nous y serons toujours moins
» en risque que sur le chemin avec nos
» maudits voleurs, ou avec l'auber-
» giste, ou avec le grand vicaire.....
» J'ai eu tort tout-à-l'heure de vouloir
» me désespérer; j'en demande pardon
» à Dieu. Il nous reste encore du cœur
» et des bras, et avec ça, ma nièce,
» on trouve à manger du pain par-tout;
» dormons, crois-moi, ça nous repo-
» sera. Nous sommes huit ou dix per-
» sonnes dans la voiture; il n'y a, à
» ce que je peux croire, ni moine ita-
» lien, ni marinier; et à moins que le

» diable ne s'en mêle, l'histoire de la
» nuit du coche d'eau ne se renou-
» vellera pas ici ».

Nous nous endormîmes effectivement,
appuyées et serrées l'une contre l'autre,
et la nuit se passa sans accident. La fatigue même, et les tribulations que nous
avions éprouvées, nous tinrent tellement
assoupies que nous ne nous réveillâmes
que lorsqu'il était déjà grand jour, et
que la voiture arrivait à l'endroit où
elle aurait dû faire sa couchée la veille,
et où elle arrêta pour déjeûner et re-
layer en même temps.

Quel fut l'étonnement de ma bonne
tante en retrouvant alors dans le voyageur qui répondait pour nous, et qui
était un homme de fort bonne mine,
quoique de l'âge de ma tante, ce monsieur Jasmin, jadis valet-de-chambre
du seigneur de notre village, et à qui
elle avait joué un tour si piquant !

Elle ne le reconnaissait pas d'abord;
mais il la remit sur la voie en lui rap-

pelant lui-même l'aventure où elle l'a-
vait si bien puni.

Confuse, elle n'osait plus ni le regarder ni lui parler. Il lui dit avec beaucoup de cordialité, et de sentiment
même :

« Ma bonne Geneviève, ne soyez pas
» honteuse pour m'avoir joué un tour
» qui m'a paru sanglant, il est vrai,
» dans le premier moment, mais qui a
» fait le bonheur de ma vie. Vous m'a-
» vez corrigé ; vous m'avez retiré du
» vice où, sans cette forte leçon que vous
» m'avez donnée, je me serais enfoncé
» de plus en plus…… et j'aurais peut-
» être fini honteusement, ou je traîne-
» rais à présent une misérable et mé-
» prisable existence.

» La digne femme que je n'avais pas
» eu le bon esprit de connaître, et que
» vous m'avez forcé à prendre, a su
» réparer et racheter, par les qualités
» bien précieuses de son caractère et
» de ses talens, une beauté passagère

» que ses traits n’offraient pas aux yeux...
» Elle s’est faite estimer et chérir du
» seigneur de notre village et de son
» épouse , qui m’ont pardonné mes sot-
» tises à cause d’elle. Ils nous ont pro-
» tégés , gratifiés et favorisés d’abord
» dans une petite entreprise qu’ils nous
» ont procurée , et que les soins et
» l’intelligence de ma femme ont ren-
» due bien plus profitable encore.......
» en peu de temps notre fortune a pris
» de l’accroissement ; nous avons mul-
» tiplié nos fonds , augmenté toujours
» notre commerce et notre travail en
» proportion ; et aujourd’hui nous nous
» trouvons à la tête d’une maison con-
» sidérable , et possesseur d’une fortune
» solidement assurée.......

» C’est à vous , ma bonne et ver-
» tueuse Geneviève , à qui je la dois,
» ainsi que toutes les satisfactions pures
» dont j’ai joui jusqu’à présent , et je
» mettrai mon plaisir et mon devoir à
» vous en témoigner ma reconnaissance.

» Venez déjeûner avec moi, et cette
» charmante nièce que vous avez là,
» déguisée en garçon. Cela m'annonce
» des aventures..... et l'histoire de votre
» vie était déjà entamée, quand je vous
» ai connue, de manière à me faire
» croire qu'il vous en est encore arrivé
» bien d'autres depuis...... Vous allez
» m'en conter une partie ; et comme
» j'espère que nous ne nous quitterons
» plus, vous aurez le temps de m'en
» apprendre le reste ».

Nous entrâmes donc avec lui dans une chambre où nous déjeûnâmes.

Pendant deux heures, que nous restâmes à cette auberge, ma tante raconta à monsieur Jasmin (qui n'était Jasmin que pour nous, car il avait un autre nom alors, non par orgueil....... celui-ci étant un nom de livrée, il avait repris le sien de famille), une grande moitié des derniers événemens de sa vie, et ce qui me concernait moi-même.

Le conducteur nous avertissant pour

remonter prendre nos places , ma tante
parut indécise et inquiète.... mais monsieur Jasmin lui prenant la main avec
affection , lui dit :

« Ma chère Geneviève , je vous ai
» aimée , je vous ai estimée.... main-
» tenant vous êtes dans la peine , et je
» vous suis redevable..... je dois et je
» veux m'acquitter , même en gagnant
» encore avec vous........ Ma femme ,
» cette digne Jeanneton , dont vous
» avez fait le bonheur aussi , et qui
» vous aime autant que moi , est ac-
» tuellement en Corse ; c'est le pays
» où je me suis fixé depuis quelque
» temps , par des tournures et des dis-
» positions de commerce. J'en suis parti
» pour venir terminer des affaires et
» recueillir des paiemens , et j'y re-
» tourne. J'y ai deux filles avec elle ,
» mais plus jeunes de quatoze à quinze
» ans.... je vous engage.... je vous prie
» même instamment, puisque vous n'a-
» vez rien de mieux à faire , d'y venir

» avec moi ; vous serez l'amie de ma
» femme et la mienne, et l'institutrice
» et la seconde mère de nos filles. Elles
» ont déjà d'excellens caractères, votre
» expérience et votre sagesse contribue-
» ront à en faire des personnes accom-
» plies... et votre charmante nièce sera
» leur camarade, et regardée chez nous
» comme notre troisième enfant ».

Ma tante était aussi sensible que brave.
Elle ne répondit pas, mais elle pleura.
Je pleurai aussi, et le bon monsieur
Jasmin pleura de même... Enfin, après
nous être embrassés tous les trois à
plusieurs reprises, et bien essuyé les
yeux pour n'avoir pas un air singulier
devant nos voyageurs, nous remontâ-
mes dans la diligence pour nous rendre d'abord à Marseille, où monsieur
Jasmin avait encore des affaires, et
d'où nous devions nous embarquer pour
aller nous réunir à sa famille, en
Corse.

Cette proposition de monsieur Jas-

min, et ce voyage, arrangeaient d'autant mieux ma tante, qu'outre le plai-
-sir de se retrouver avec d'anciennes
connaissances, avec Jeanneton sur-tout,
qui lui avait une si véritable obligation,
cela l'éloignait de la France, où elle
se déplaisait, où elle craignait beaucoup, et où elle n'avait presque plus
d'espoir de rien trouver d'avantageux.

CHAPITRE XLI.

Nuit cruelle. Histoire d'un revenant.

MA tante, réfléchissant sur cette aventure nouvelle, me dit : « Ma » nièce, j'ai déjà fait, comme tu l'as » entendu dans le détail de mon his- » toire, la rencontre d'une diligence » qui m'a tirée d'embarras pour le mo- » ment ; c'était celle de mon directeur » de comédie… mais, hélas ! cette ren- » contre a été depuis pour moi la source » de nouveaux malheurs. J'espère que » Dieu permettra que celle-ci nous soit » plus avantageuse à toutes les deux ».

Je lui répondis que j'en augurais aussi très-bien moi-même, et nous nous ac- cordâmes à regarder cet événement inattendu comme une faveur du ciel.

Elle commença donc, dès cet ins- tant, à oublier toutes nos disgrâces passées, et à reprendre toute sa gaieté; elle amusa même beaucoup nos voyageurs par le récit du reste de nos aventures, qu'elle acheva pour monsieur Jasmin, et dont elle déguisa adroitement les endroits les plus saugrenus.

Toute la route s'acheva ainsi agréablement, sans aucun accident qu'une aventure dans la dernière auberge où nous couchâmes, qui donna toute la nuit bien de l'inquiétude à ma tante et à moi.

Nous étions retirées après le souper, et couchées toutes deux en un même lit, dans une chambre qui donnait sur un petit jardin de l'hôtellerie. Notre lumière était éteinte, mais nous n'étions pas encore endormies; nous entendîmes le bruit d'une chaîne qu'on traînait par la chambre....

Aussitôt ma tante, qui avait toujours eu grande peur des revenans, et qui conséquemment me l'avait inspirée à moi-même, s'imagina que c'en était un, et se mit à se serrer contre moi, qui l'embrassai aussi fortement, en frissonnant toutes deux sans oser nous dire un seul mot.

Après quelques allées et venues de cette chaîne, qui faisait tout le tour de notre chambre, et dont chaque mouvement nous faisait tressaillir, nous n'entendîmes plus rien; et ce calme même dura assez long-temps pour que ma tante, persuadée que c'était l'effet des prières qu'elle avait récitées et des signes de croix qu'elle avait faits, et qui avaient conjuré et mis en fuite le malin esprit ou le revenant, pût se rendormir........

Elle commençait même à ronfler un peu.... Tout-à-coup elle se réveille et me pousse violemment en me disant:

« Eh bien! qu'est-ce que tu fais
» donc? pourquoi m'arraches-tu mon
» bonnet? — Moi, ma tante? je ne
» vous touche pas.... — Comment, tu
» ne viens pas de me décoiffer?.......

» — Eh mais, pas du tout... — Oh mon
» Dieu ! s'écria-t-elle, miséricorde !
» mon bonnet, qui était bien attaché,
» est pourtant parti, et on m'a arraché
» la moitié des cheveux avec, encore !..
» — Cela n'est pas croyable, ma tante ;
» vous rêviez peut-être. — Comment,
» je rêvais !......... Touche donc, toi-
» même ».

Effectivement, j'alongeai ma main,
et je sentis sa tête nue.

« C'est bien plutôt toi, me dit-elle,
» qui, en rêvant, me l'auras ôté...,...
» — Oh non, ma tante, car je ne dor-
» mais pas encore, moi » !....

Dans le même instant on m'arrache
le mien, avec les cheveux aussi.

« Oh mais, dis-je, ma tante ! il va-
» lait mieux me le demander que de
» me l'arracher ainsi..... — Qu'est-ce
» que je t'arrache, reprit-elle ? — Eh
» bien donc, mon bonnet pour mettre
» à la place du vôtre, apparemment,
» que vous avez laissé tomber..........

» — Moi ! je n'ai pas remué... tu vois
» bien que tu rêves toujours......... —
» Mais, non, ma tante ! je ne rêve
» pas plus que vous, et voilà bien ma
» tête nue aussi comme la vôtre ».

Elle me tâta à son tour, et me dit :

« Ah ! ma pauvre Suzon ! prions bien
» le bon Dieu et la bonne sainte Vierge !
» cette chambre est ensorcelée. C'est le
» revenant qui est encore revenu ! »....

Et nous voilà toutes deux à retrembler de plus belle !.... Dans ce moment
on tire notre couverture par le pied du
lit, notre frayeur redouble, et nous invoquons à haute voix tous les saints du
paradis.

Au milieu de notre prière, nous entendons la chaîne qui recommence à
rouler par la chambre, qui arrive sur
notre lit, et passe derrière nos épaules,
car nous nous étions relevées sur notre séant dans l'intention de nous mettre à genoux. La peur nous fit retomber de notre long et à plat...... et la

chaîne faisant encore un tour par-des-
sus nous, passa à l'entour du cou de
ma tante, et s'arrêta, prise sous mon
dos par l'autre bout.....

La pauvre Geneviève crut que c'é-
tait sa dernière heure, et dit son *in
manus*, en me conjurant de lui dire
aussi un *de profondis* ; mais j'en avais
aussi besoin qu'elle.

Nous restâmes plusieurs minutes dans
cet état d'anéantissement, respirant à
peine, et chacune de nous deux croyant
l'autre, morte, tant l'épouvante nous
avait glacées !.... Enfin, après cet in-
tervalle nous sentîmes un corps tout
vêlu, qui, entrant par dessous nos
draps, qui avaient d'abord été tout
tirés et dérangés, se glissait et s'alon-
geait entre nous deux.

Oh ! pour le coup, la frayeur nous
redonna des forces ; et poussant à-la-
fois des cris affreux, nous nous élan-
çâmes toutes les deux hors du lit, en

ouvrant les yeux, que la peur nous avait fait tenir bien fermés jusqu'alors.

Nos cris et notre mouvement violent effraya de même l'objet qui nous causait de si cruelles alarmes, car il se sauva en même temps, et nous vîmes quelque chose de gros et de noir, avec une longue queue, qui, sautant de dedans notre lit, traversa la chambre et ressortit par notre fenêtre, qui se trouvait ouverte...... ma tante jura que c'était le diable, qu'elle l'avait bien reconnu à sa queue, ferma bien vîte la fenêtre sur lui en faisant encore mille signes de croix; et se jetant à genoux, en m'y faisant mettre aussi, nous passâmes ainsi tout le reste de la nuit en chemise sur le carreau, à répéter et recommencer les litanies de la vierge, et tout ce que nous savions de prières.

Nous ne fûmes retirées de cette angoisse mortelle que le lendemain de grand matin, quand la fille de l'auberge, venant pour nous éveiller et nous avertir que la diligence allait repartir, nous trouva ainsi nues et à genoux au milieu de la chambre. Nous lui racontâmes l'événement effrayant de notre cruelle nuit, et lui fîmes même voir la chaîne qui était restée sur notre lit. Elle la reconnut, et nous apprit, en se pâmant de rire, que le diable qui nous avait tant lutinées, n'était autre chose qu'un gros singe qui était entré par notre fenêtre, que nous n'avions pas eu l'attention de fermer avant de nous coucher... Que de prières nous avions faites en pure perte, et que d'histoires de revenans et de diables n'ont pas eu de fondement plus véritable que celui-là !

CHAPITRE XLII.

Nous nous embarquons à Marseille. Tempête. Combat sur mer. Le plus terrible danger que nous eussions jamais couru.

LE revenant, le sabbat et l'effroi de notre nuit, amusèrent beaucoup nos voyageurs, auxquels ma tante la raconta naïvement, mais après que la fille d'auberge la leur eut déjà annoncée malignement.

Cette nouvelle histoire servit de matière aux conversations pour toute la journée.... et la préférence que le singe nous avait donnée, à ma tante et à moi, pour nous en rendre les héroïnes, confirma de plus en plus la société dans l'opinion où l'on était déjà que nous étions nées pour les grandes et extraordinaires aventures....

I.

Le soir, la diligence étant arrivée à Marseille, l'on se sépara pour aller chacun à sa destination.

Monsieur Jasmin nous mena dans une maison où il avait habitude de loger, et où nous dûmes rester quelques jours à attendre qu'il eût fini des affaires importantes qu'il avait dans cette ville.

Comme il vit qu'elles traînaient en longueur, et qu'il n'avait pas besoin de nous, qui, de notre côté, brûlions d'impatience de nous voir hors de France, il profita de l'occasion d'un vaisseau qui allait partir justement pour la Corse, et nous fit embarquer dessus en nous donnant une lettre pour son épouse, à laquelle il nous recommandait beaucoup, et nous chargea même de vive voix de quelques détails à lui faire, concernant ses opérations particulières.

Nous nous séparâmes donc de lui, avec l'assurance qu'il nous donna et qu'il nous dit d'annoncer de même à son épouse, que ses affaires terminées ou non, il partirait sous quinze jours au plus tard pour nous rejoindre.

En embarquant sur ce vaisseau qui nous faisait quitter la France, nous voulûmes, ma tante et moi, nous donner la satisfaction d'écrire au grand vicaire, tant pour lui faire connaître les véritables motifs de vertu qui nous avaient ordonné de le fuir, que la scélératesse de l'aubergiste, son second agent, à qui il nous avait confiées, et nous lui en marquions les intéressans détails....

Notre lettre parvint et ne fut pas inutile. J'ai appris particulièrement depuis, que ce misérable avait été puni comme le méritait la bassesse de ses sentimens.

Le grand vicaire, sans parler de nous, l'avait fait condamner, pour l'affaire de la berline, comme recéleur et acheteur d'effets volés ; et peu de temps après notre départ de Marseille, il y vint prendre une place dans les bancs des galériens... Par une fatalité singulière, l'avare procureur qui régalait si bien ses clercs, et dont j'avais été la cuisinière pendant quatre jours, avait obtenu la même récompense pour crimes de faux, qu'il avait commis dans ses actes.... Tout se retrouve avec la providence !...

Un nouveau spectacle s'ouvre à nos yeux émerveillés...... Nous sommes en pleine mer....

On peut s'imaginer..... ou pour mieux dire, il serait difficile de se figurer la surprise d'admiration et de terreur à-la-fois qui s'empara de ma tante et de moi, à l'aspect de cette immense étendue d'eau.

Nous, qui n'avions jamais vu que la Seine et quelques autres rivières ou ruisseaux....., nous nous crûmes absolument perdues, hors du monde, et presque dans le néant, quand notre vue ne trouvant plus de bornes et n'apercevant plus de terre, fut obligée de s'arrêter dans le vide de l'air, où l'ho-

rizon seulement confondait le ciel avec
la mer....

Pour nous faire passer par toutes les
épreuves, une tempête violente nous
accueillit dès le même jour, et nous
tourmenta d'une manière horrible......
car les matelots prièrent Dieu... c'est
tout dire ; mais, comme on a déjà lu
beaucoup de ces descriptions-là, je n'en
ferai pas ici une nouvelle ; je dirai seulement que les montagnes d'eau qui s'é-
levaient à l'entour de nous en mena-
çant de nous écraser, et les abymes
sans fond qui s'entrouvraient pour nous
engloutir, nous causèrent bien encore
un autre genre de frayeur que celle
que le *diable - singe* nous avait fait
éprouver.

Mais ce n'était encore que le prélude
d'un malheur épouvantable auquel nous
devions succomber.

La tempête cessa, et le calme, que
nous avions tant désiré, ne revînt

que pour annoncer et nécessiter notre perte.

La force des vents nous ayant jetés hors de notre route pendant toute la nuit , nous aperçûmes au matin un corsaire algérien qui venait sur nous. N'étant pas en force pour nous défendre , nous ne cherchions qu'à fuir ; mais notre vaisseau , endommagé par les suites de la tempête , qui avait emporté une partie de nos voiles et de nos agrès , ne put échapper à l'ennemi , qui , avançant à voiles et à rames , nous attrapa et commença à nous envoyer une volée de ses canons , qui nous fit encore ressentir une nouvelle espèce de peur non moins effrayante , en voyant tomber à côté de nous nos compagnons , écrasés par les boulets , ou déchirés par les éclats des bois qu'ils fracassaient.....

Le combat ne dura pas long-temps ; les pirates turcs eurent bientôt détruit la moitié de notre monde et forcé le

reste à se rendre ; nous fûmes tous
conduits sur leur vaisseau , où ils nous
enchaînèrent , et ils reprirent leur route
pour nous aller vendre comme esclaves
dans leur pays.

« Ah , mon doux sauveur ! s'écriait
» ma tante en pleurant , quand elle vit
» qu'on allait la charger de fers et moi
» aussi , comme tous nos autres cama-
» rades , et qu'elle entendit le langage
» barbare de ces turcs , auquel elle ne
» comprenait rien.... voilà bien encore
» la pire des histoires qui nous sont
» arrivées !... Les bossus galonnés , les
» tabellions estropiés , les boulangers
» brûlés , les aubergistes scélérats , les
» procureurs enragés , les prieurs de
» Carmes enlevés, les clercs ivrognes et
» impudens.... les vicaires suborneurs ,
» les Lafleur ravisseurs , et les brigands
» voleurs et assassins de la forêt.... n'é-
» taient que de mauvais démons qu'on
» pouvait conjurer avec des prières....
» et la protection de sainte Geneviève

» des-Ardens , ma patronne , et de
» sainte Suzanne, la tienne, ont tou-
» jours su nous en délivrer !...

» Mais avec ces rénégats maudits,
» ces mangeurs d'*Arcoran* , qui sont
» pires que les juifs ! dont les mous-
» taches seules me font trembler.... et
» qui n'entendent ni le français ni le
» latin, toutes les prières et toutes les
» litanies sont inutiles. Notre dernière
» heure est sonnée, ma pauvre nièce !
» ces enragés-là vont nous manger toutes
» vives » !

La peur d'être ainsi dévorée vivante,
fit qu'elle ne voulut pas se laisser enchaîner ; elle sautait au milieu des forbans, les égratignait et les mordait dans
l'intention de se faire tuer d'avance d'un
coup de sabre, comme ils l'en mena-
çaient, aimant mieux, disait-elle, n'ê-
tre mangée qu'après sa mort... et elle
m'exhortait à en faire autant.

Enfin le capitaine de ces brigands,
qui s'amusait à regarder la belle dé-

fense de ma tante, et qui riait de tous les sauts et grimaces que la fureur lui faisait. faire, eut la fantaisie de vouloir l'interroger.....

Il ordonna donc de la laisser libre, et de la lui amener dans sa chambre avec moi ; et il fit en même temps venir un interprète pour pouvoir lui expliquer nos discours.

Sitôt que nous entrâmes, il me regarda avec plus d'attention qu'il n'avait encore fait, n'ayant presque pas eu le temps de me voir, tout occupé qu'il était, et à donner des ordres après le combat, et ensuite à considérer ma tante.

Il se permit même avec moi des familiarités et des caresses turques très-indécentes, qui révoltèrent ma tante autant que moi ; et il me fit dire par son interprète, qu'il me trouvait un fort joli garçon ; qu'à cause de ma beauté, il ne me ferait pas enchaîner comme les autres, et qu'il voulait me garder pour le servir à sa chambre.....

il fit même apporter des vêtemens turcs, et me fit ordonner, par ce truchement, de me déshabiller à l'instant, et de prendre le nouveau costume qu'on me présentait....

Comme je m'y refusai, il commanda à l'interprète de me dépouiller.

Il vint effectivement sur moi, et portait déjà les mains à mon pantalon pour le défaire, quand ma tante, qui n'entendait pas la langue des turcs, mais qui comprenait fort bien leurs gestes, indignée de ceux-là, lui appliqua un vigoureux soufflet... et du même temps, le saisissant par les deux côtés de la moustache, le fit tomber et rouler par terre avec elle, qui ne quittait pas prise.

Celui-ci tira son poignard, et allait en percer ma tante...... mais le capitaine, qui riait encore de ce nouvel acte de bravoure de Geneviève, l'en empêcha en lui disant, dans son langage, qu'il allait la faire punir autrement. Il lui ordonna seulement de la contenir, ce que le pauvre interprète, à moitié démoustaché, ne put faire qu'à l'aide de deux pirates qui lui servirent d'adjoints.

Alors le capitaine avançant lui-même sur moi, me déchira brusquement mon gilet du haut en bas, et ma chemise avec..... et ma gorge parut à découvert.

« Alla ! Mahomet ! Alla » ! s'écria-t-il aussitôt, en baragouinant encore dans son jargon........ et il se jeta sur moi comme un tigre furieux, en déchirant de même mon caleçon, et s'abandonnant à toute sa brutalité.....

C'en était fait ! il n'y avait plus de sainte Suzanne qui pût l'arrêter..... et mon honneur, qui s'était déjà réchappé des attaques de tant de français, allait être la proie d'un misérable turc.......... Ah ! oui, sainte Suzanne ! vous dormiez ou m'abandonniez alors........ car Mahomet prenait déjà bien de l'avance !...... mais ma tante était là qui veillait sur moi !.....

Aussi vive que le salpêtre enflammé, elle se dégage des mains de l'interprète et des deux autres brigands qui la retenaient, elle arrache le poignard de l'un d'eux, et s'élançant sur le capitaine, qui m'avait renversée sur son ottomane, elle le lui enfonça tout entier dans le dos.

Le sang ruissela aussitôt, et il tomba mort du coup....

Vingt autres poignards et sabres furent aussitôt levés sur nous, et nous devions être criblées et déchirées !..... cependant nous échappâmes au premier et terrible mouvement de la fureur de ces forcenés, par un cri que fit l'interprète pour les retenir... mais ce n'était pas pour nous faire grâce.... c'était au contraire pour nous réserver à un supplice bien plus douloureux.

En effet, le second capitaine, informé de cette catastrophe, et devenant maître sur le vaisseau, par la mort de son chef, entra dans la chambre, et donna

des ordres pour nous faire tout bonnement...... empaler.

On me demandera peut-être ce que
c'est que cette opération-là...... Heureusement je ne le sais pas encore par
expérience , mais aux apprêts que j'en
ai vu d'avance , je puis juger que ce
doit être un fort vilain quart d'heure
à passer..... et que le ciel en préserve
tous ceux ou celles qui me liront, et
qui auront le malheur de tomber, comme
moi, dans les mains des turcs !......

On nous saisit donc , et malgré notre
résistance, celle du moins de ma tante ,
qui se défendait toujours comme un
lion, car pour moi, épouvantée de tout
ce qui venait de se passer , je n'avais
plus ni force, ni presque de sentiment,
on nous mit absolument nues, et l'on
nous conduisit sur le tillac , où notre
sentence devait être exécutée.

A la vue de mon corps, le nouveau
capitaine ressentit les mêmes désirs criminels que ceux qui avaient déjà coûté

K.

la vie à son prédécesseur, et alliant, par un contraste bien digne d'un barbare, l'amour à la férocité, il déclara que pour nous punir davantage, il voulait jouir de moi devant ma tante, qui serait empalée la première, et m'abandonner ensuite à la brutalité de ses soldats..... Il eut même l'atroce cruauté de le faire expliquer à ma tante par son interprète......

« Ce ne sera pas vrai...... s'écria cette
» femme intrépide, ce ne sera pas du
» moins ce monstre-là qui aura l'infer-
» nal plaisir de commettre ce crime ! »...
Et toute nue qu'elle était déjà, et au milieu de ses bourreaux, se précipitant sur le nouveau et second capitaine, elle arracha le poignard qu'il avait à sa ceinture, et le lui plongea dans le cœur. Et de deux !...... La place de capitaine n'était plus affriandante..... ou du moins les désirs de concupiscence se rallentissaient bien à mon sujet.

On la ressaisit vivement, mais le coup

était fait, et le poste de capitaine va-
quait pour un troisième.....

Ma tante, furieuse, hors d'elle-même,
se débattit dans les bras de ceux qui
voulaient la lier, et toujours armée de
son poignard, elle espadonna avec,
éventra encore cinq à six turcs ; et en
frappant toujours ceux qui se présen-
taient devant elle, parvint jusque sur le
bord du vaisseau, d'où elle s'élança
dans la mer, et se fit engloutir par les
flots, plutôt que de se laisser reprendre
par ces barbares, en me criant : « Adieu,
» ma pauvre nièce » ! Ce cri retentit au
fond de mon cœur. Anéantie de ce coup,
plus encore que de ma terrible situation,
je tombai sans sentiment.....

Alors, sans aucune compassion, le
troisième capitaine remplaçant, se gar-
dant bien de la tentation luxurieuse qui
avait causé la perte des deux autres,
ordonna de m'exécuter à l'instant.

On me releva donc, et par un raffi-
nement de barbarie à la turque, on

s'efforça de me faire bien revenir à moi, pour me faire mieux sentir toute l'horreur de mon supplice.

Ces soins cruels avaient eu leur succès......... j'avais repris connaissance. Déjà le pieux mortel était aiguisé et affilé; déjà j'étais liée et présentée devant l'instrument fatal...... lorsque le turc qui était à la découverte au haut d'un mât, cria fortement, en articulant quelques mots.

Soudain le capitaine en prononça quelques autres, et tous ces forbans acharnés sur moi, laissèrent tomber le pal, les cordes et les outils pour l'enlever...... et m'ayant entraînée nue et liée comme j'étais, dans la chambre du capitaine, coururent à leurs armes et se préparèrent au combat.

C'était un vaisseau qu'on apercevait de loin, que la vigie avait signalé, et l'espérance et l'envie de faire une nouvelle prise, avait déterminé ces malheureux à différer mon supplice jusqu'après l'affaire qu'ils allaient engager.

Pour moi, ne comprenant rien à leur langage, et ne devinant rien à leurs mouvemens, attendant toujours la mort dans l'infame position où j'étais....... et désolée de la perte de ma tante, je ne regardais ce retard de mon exécution que comme une agonie plus longue et plus cruelle !

CHAPITRE XLIII.

Ma tante reparaît. Je suis sauvée.

LE corsaire allant à la rencontre de ce vaisseau, qui de son côté avançait aussi sur lui, ils furent bientôt à portée de se reconnaître; et les turcs virent avec chagrin, qu'au lieu de butin à faire dans cette occasion, ils n'avaient que des coups à y attraper, car c'était une galère maltaise, qui les atteignit et commença à les chauffer vigoureusement.

Le combat s'entama avec un acharnement égal, et chacun des deux vaisseaux ne cherchant qu'à aborder l'autre, ils parvinrent à s'accrocher. Les chevaliers sautèrent sur notre corsaire, tandis que les turcs s'élancèrent sur la galère de la religion.

Comme il n'était question que de

vaincre ou de périr, et que la même ardeur animait chacun des combattans, le carnage fut effroyable des deux côtés...... mais les chevaliers avaient toujours l'avantage ; d'abord par leur bravoure extrême ; de plus aussi, parce que l'équipage turc était déjà fatigué du combat livré le matin contre notre vaisseau, et de quelques autres encore avant, dans lesquels il avait perdu du monde.

Un matelot de la galère maltaise surtout, qui avait sauté sur le corsaire avec un sabre dans une main et un poignard dans l'autre, fit à lui seul un ravage terrible. Furieux, et comme forcené, il parcourait tout notre vaisseau, criant : « Ven-» geance ! périssent les maudits turcs »!. Et frappant, renversant et exterminant tous ceux qui paraissaient devant lui, il parvint jusqu'à la chambre où j'étais, en poursuivant le troisième capitaine, qui s'y sauvait en voyant la victoire se décider pour les maltais, déjà presque maîtres de son vaisseau....... il y entra avec lui, et le fit tomber mort à mes pieds.

M'apercevant aussitôt, il s'élança sur moi, et me serra dans ses bras, en criant avec transport : « Ma nièce, ma » chère nièce, je t'ai donc retrouvée !

» O ciel ! ma bonne tante, m'écriai-je » de même, est-il possible que ce soit » vous » ?

Etourdie et confondue de cette résurrection imprévue, car je la croyais bien au fond de la mer......... je m'évanouis dans ses bras....... Cette reconnaissance si heureuse et si inattendue, pensa nous être fatale, et le moment de notre réunion allait être celui de notre séparation éternelle.......

Ma tante donc, puisque c'était elle-même, sous les habits d'un matelot, (j'expliquerai tout-à-l'heure cette énigme), avait jeté ses armes pour pouvoir me donner des secours. Quelques officiers turcs, enragés d'être vaincus, accouraient pour se renfermer dans cette chambre, afin d'y pouvoir résister encore quelques instans..... nous voyant ainsi toutes les deux, ils voulurent assouvir sur nous une partie de leur fureur, et se précipitèrent pour nous égorger...... Mais plusieurs chevaliers, qui les poursuivaient, entrèrent après eux, et les sabrant, les forcèrent à se retourner pour se défendre. Ma tante ayant eu le temps de ramasser une arme, se joignit encore aux chevaliers pour combattre ces forbans, et me faisant un rempart de son corps, elle criait toujours : « Pour Dieu, sauvez ma nièce, » ma pauvre nièce !..... ».

Un des combattans français, mais qui n'était pas chevalier, frappé de ses cris, et m'ayant aperçue ainsi nue et garrottée encore, me prit dans ses bras, et franchissant la chambre à travers les sabres et les poignards, dont même il reçut malheureusement quelques blessures, il m'emporta jusque sur la galère maltaise, et m'ayant déposée dans sa chambre, toute égarée que j'étais encore, mais un peu ranimée par le mouvement, il retourna sur le corsaire aider les chevaliers à exterminer les turcs.

Tous les chefs morts, le reste céda bientôt, d'autant que leur vaisseau ayant reçu plusieurs coups de canon dans le bas, faisait eau de toutes parts, et commençait à s'enfoncer. On n'eut que le temps de décramponner la galère et de transporter d'abord tous les prisonniers français qu'ils avaient faits auparavant, et quelques-uns de ces pirates, que l'on enchaîna, et le corsaire coula à notre vue.

Après cette victoire, tous les chevaliers rentrés à leur bord, et ma tante avec eux, la connaissance m'étant revenue, la bonne Geneviève, qui m'avait déjà revêtue d'un accoutrement de matelot pareil au sien, m'apprit les obligations que j'avais au brave français qui m'avait emportée du milieu des turcs , et nous allâmes toutes deux pour lui en faire nos remercîmens les plus vifs.

Hélas ! ce pauvre et digne homme avait été blessé lui-même, non-seulement en m'emportant , mais plus grièvement encore après qu'il fut retourné sur le corsaire.

Nous gémissions de son malheur, dont je m'accusais d'être la cause , en pensant que sa générosité pour me secourir lui avait fait recevoir ces blessures...... mais il me dit, du ton le plus gracieux et le plus sentimental, que les blessures qui paraissaient sur son corps pourraient se guérir..... mais qu'il en avait effectivement reçu une en me voyant, qui, quoiqu'elle ne parût pas comme les autres, était cependant plus incurable....... qu'au surplus, telle chose qui pût arriver, il regarderait toujours comme un des plus beaux momens de sa vie, celui où il avait pu m'être utile.

Cet homme, comme je l'ai dit, n'était point attaché à la religion par des vœux ; fort riche, sans parens et sans emplois, il avait séjourné long-temps à Malte, où il avait lié amitié avec plusieurs chevaliers. Se trouvant maître de ses volontés, de son temps et de sa fortune, et voyant que ses amis montaient une galère pour aller en course, il avait, autant par bravoure que par affection pour eux, voulu être de la partie, et les avait accompagnés comme simple volontaire.

Après le service qu'il m'avait rendu, la curiosité le portant à savoir la cause de l'état où il m'avait trouvée, nous ne pûmes lui refuser le récit de nos aventures. Ma bonne tante le lui fit donc, et ce fut à ce moment que j'appris par quel hasard extraordinaire j'avais eu le bonheur de la revoir.

CHAPITRE XLIV.

Comment ma tante fut retirée de la mer. Conclusion. Je me trouve mariée, veuve, et je suis toujours fille.

QUAND ma tante se fut précipitée dans la mer, le corsaire ne pensant guères à la repêcher, s'était toujours éloigné.... Elle avait d'abord perdu connaissance en enfonçant dans cette eau...,... mais bientôt revenant au-dessus, et balottée par l'agitation des flots, elle s'était trouvée arrêtée parmi des débris de notre vaisseau, à nous, de Marseille, qui venait de combattre contre les turcs.

La mer était jonchée de morceaux de mâts rompus, de vergues, de futailles et autres choses qu'on avait jetées d'avance pour alléger le vaisseau, ou qui avaient été brisées et précipitées pendant le combat ; de sorte que s'étant machinalement cramponnée après une cage à poules, elle en avait été soutenue, et préservée de sa perte, qui paraissait inévitable. La galère maltaise qui poursuivait le corsaire, et qui venait directement dans ses eaux, avec l'avantage du vent, avait aperçu mon infortunée tante luttant contre la mort sur ce faible retranchément, l'avait recueillie, secourue, et recouverte d'un vêtement de matelot, puisque les chevaliers n'en avaient pas à l'usage de femme.

Ils avaient tiré d'elle des renseignemens sur la force du corsaire et le nombre de ses hommes, et quand ma bonne Geneviève, qui refusait d'abord leurs secours, avait entendu qu'ils allaient attaquer les turcs, elle avait enfin consenti à vivre encore pour avoir du moins une occasion de me venger ; car elle me croyait bien morte aussi, victime de ces barbares.

Animée par ce puissant motif, elle avait donc sauté la première à l'abor-

dage, et sa courageuse rancune avait
coûté la vie à un grand nombre de nos
ennemis...... Le commandant même de
la galère, ainsi que tous les chevaliers,
se plurent à rendre hommage à sa valeur,
et à lui en faire, comme tout l'équipage,
les complimens les plus flatteurs et les
plus distingués......

Cependant le brave homme qui m'avait
sauvée, était fort mal de ses blessures,
et gardait le lit; ma tante ne voulut pas
quitter sa chambre pour pouvoir lui donner toutes ses attentions, et le conjura
de permettre que je partageasse avec
elle le devoir que m'imposait la reconnaissance, de servir et de soigner mon
libérateur. Il y consentit d'autant plus
volontiers qu'il avait, disait-il, beaucoup de plaisir à me voir et à causer
avec moi......... Effectivement dans ses
momens de repos, il se plaisait à me
faire mille questions, à me faire répéter
celles de mes histoires que ma tante lui
avait déjà racontées, me louait de ma

vertu, riait de ma naïveté, et finissait toujours par me dire que je méritais d'être heureuse, et que je le serais.

Enfin un jour qu'il commençait à se rétablir, et que tous les dangers paraissaient dissipés pour ses blessures, il me dit devant ma tante, que s'il avait fait quelque chose pour moi, nous avions beaucoup plus fait pour lui, parce que, sans nos soins obligeans et continués avec tant d'affection et de prévenance, il n'aurait pu espérer de guérir; qu'en conséquence il se regardait comme nous devant la vie...... m'avoua même que le désir qu'il avait conçu dès le premier moment de la passer avec moi, était peut-être même encore un des remèdes les plus efficaces qui la lui avaient conservée..... que puis donc qu'il m'en avait l'obligation, il était juste qu'il m'en fît l'hommage, ainsi que de sa fortune qui était indépendante, puisqu'il l'avait gagnée lui seul, et qu'il n'avait point de famille pour la réclamer.

Pénétrées et confuses d'une proposition si avantageuse, mais si éloignée de nos espérances, nous n'eûmes, ma tante et moi, qu'une même façon de lui répondre ; ce fut qu'il ne devait penser qu'à se guérir tout à fait, de le prier de continuer à souffrir et à recevoir nos soins., et, au lieu de vouloir nous faire un sort si au-delà de nos désirs et de notre condition, de nous permettre seulement de le servir, ainsi que la digne épouse qu'il pourrait se choisir, et dont les mérites seraient beaucoup au-dessus des miens.

L'air et le ton de vérité de ce discours uniforme, et qui était plus encore dans nos yeux et dans nos cœurs que sur nos langues, le pénétra. Il nous serra les mains à toutes deux, nous disant : « Mes » bonnes amies ! j'ai souffert vos soins, » et je vous les demande même encore » avec plaisir et intérêt..... mais jamais » vous ne serez servantes auprès de » moi, ni auprès d'une autre femme....

» Ma chère Suzon, aucune autre ne
» produira jamais sur mon cœur l'effet
» que votre beauté, votre vertu, votre
» ingénuité et l'amabilité de votre carac-
» tère y ont fait..... Permettez-moi de
» vous rappeler un instant l'état où je
» vous ai vue pour la première fois, et
» consentez à ce que je fournisse à votre
» pudeur un moyen légitime pour n'en
» plus rougir.......... Je suis honnête
» homme, je n'ai jamais cherché à
» tromper, à abuser aucune femme :
» jamais aucune n'a reçu de moi ni
» promesse, ni déclaration d'amour.
» Vous êtes la première à qui mon ame
» m'a forcé d'en adresser une ; assurez-
» vous que vous serez la dernière. Je ne
» sais pas si ceux qui les trompent, font
» de grandes phrases pour les séduire....
» mais je pense qu'il suffit de peu de
» mots pour prouver la sincérité, et je
» crois vous en avoir dit assez. Faites-
» moi le plaisir de vous retirer un ins-
» tant, et de prier de ma part le capi-

» _taine, l'aumônier et l'écrivain de venir
» dans ma chambre ».

Nous nous acquittâmes de cette commission. Ces trois personnes qu'il demandait, restèrent enfermées avec notre
malade pendant près d'une heure ; après
quoi, elles sortirent en nous invitant à
y rentrer.

Ce brave homme ne nous parla plus à
ce sujet, mais il nous parut beaucoup
plus gai, et mieux encore qu'à l'ordi-
naire, et, pendant quelques jours, sa
convalescence alla toujours en augmen-
tant, ainsi que sa gaieté.

Il nous parlait avec une cordialité,
une sensibilité sur les malheurs que
nous avions éprouvés toutes deux, qui
nous touchaient jusqu'à nous faire verser
des larmes qu'il essuyait lui-même, en
nous disant que tout ce mauvais temps-
là était passé, et que l'avenir ne nous
en promettait plus que d'heureux. Il me
nommait sa petite femme, appelait Geneviève sa bonne tante, et à la moindre

familiarité près, qu'il ne se permettait pas, on aurait pu, dans le vaisseau, nous regarder comme un véritable ménage.

Nous approchions de Malte. Deux jours encore, et notre galère rentrait dans le port. Déjà notre cher convalescent se félicitait de toucher au moment où il pourrait nous témoigner la sincérité et la délicatesse de ses sentimens pour moi, et être heureux lui-même, disait-il, de notre bonheur. Déjà il nous détaillait les agrémens et les charmes d'une maison délicieuse qu'il avait dans l'île de Malte, et les plaisirs qu'il nous y procurerait......... mais un poids que j'avais sur le cœur... un serrement extraordinaire, m'ôtait malgré moi la gaieté qu'il s'efforçait de m'inspirer......

Comme il se sentait beaucoup mieux, il voulut souper avec nous dans sa chambre, et mangea même trop, à ce qu'il me parut..... et malgré moi, sur-tout, d'un morceau de thon qu'on avait pêché dans la journée. Je lui représentai vainement, ainsi que ma tante, que cette chair était trop lourde pour son estomac, encore faible ; tout ce que nous pûmes gagner, fut de le retenir un peu sur la quantité...... mais il voulait manger, disait-il, pour se donner des forces, afin de pouvoir nous promener dans deux jours par toute l'île........

Enfin nous le quittâmes lorsqu'il se coucha fort gaiement, en nous souhaitant une bonne nuit, et nous invitant à revenir de bonne heure l'éveiller le lendemain, espérant que nous ne nous quitterions plus, car on était presqu'à la vue de l'île.

Etant retirées, ma tante et moi, dans une petite cabane que le capitaine nous avait fait arranger dans l'entrepont, presque dessous la chambre de notre nouveau protecteur, nous réfléchissions à toutes les promesses que ce brave homme nous avait faites ; et sans con-

cevoir d'espérances folles, ni ambi-
tieuses, nous pensions au moins pouvoir supposer qu'il nous fournirait les
moyens de passer en Corse, pour y
rejoindre monsieur Jasmin et la bonne
Jeanneton, dont les pirates turcs nous
avaient séparées.

La joie de nous voir enfin presque revenues à bon port, et de pouvoir bientôt
embrasser ces bons amis de ma tante,
nous avait empêchées long-temps de céder au sommeil... A peine commençions-
nous à nous y livrer, lorsque nous fûmes
réveillées par beaucoup de bruit que
nous entendîmes au-dessus de nous.
Un mouvement extraordinaire, des allées
et des venues continuelles nous firent
soupçonner et craindre quelqu'accident.
Tout cela paraissait avoir lieu justement
dans la chambre de notre malade.

Nous montâmes donc, effrayées d'a-
vance d'un pressentiment douloureux
qui m'avait agitée toute la soirée. Nous
apprîmes qu'effectivement il avait eu

une violente indigestion, et que les
efforts convulsifs que des vomissemens
et des coliques lui avaient occasionnés,
avaient fait rouvrir toutes ses blessures;
qu'il avait déjà perdu beaucoup de sang
avant d'avoir pu être secouru, et qu'enfin il était dans un état désespéré. Le
chirurgien ne voulut pas même nous
laisser entrer.

Nous passâmes ainsi le reste de la nuit
à gémir et à nous désoler devant sa
porte, demandant de ses nouvelles à
chaque fois que quelqu'un sortait d'auprès de lui.

Hélas ! son sort était décidé; nous ne
devions plus le revoir..... Vers le point
du jour nous vîmes venir à sa chambre
le capitaine. Il nous trouva fondant en
larmes, nous parla avec bonté, essaya
de nous donner quelqu'espérance, et
entra en nous promettant de nous dire
ensuite, en ressortant, l'état où il l'aurait laissé.

Il resta très-peu avec lui, et ne put

nous parler beaucoup, parce qu'il ressortit avec le chirurgien. Il nous dit
simplement de ne pas rester là, que le
malade avait besoin de repos, de retourner à notre chambre, et qu'il nous ferait
appeler bientôt.

L'air pénétré avec lequel il nous dit
ce peu de mots, nous perça le cœur.
Nous jugeâmes qu'il n'y avait plus d'espoir de sauver ce malheureux, et nos
appréhensions furent bientôt confirmées,
en voyant entrer l'aumônier dans sa
chambre.

Ma tante et moi nous avions essuyé
de terribles coups ! passé par de cruelles
épreuves !...... mais toutes ces émotions
fortes et soudaines n'avaient fait qu'é-
tonner et confondre nos esprits..... Les
mouvemens de la colère et de l'effroi
avaient presque toujours étourdi et com-
primé le sentiment de la douleur........
mais ici c'était une véritable sensation
d'attendrissement douloureux, et de
chagrin cuisant et réfléchi ! Notre ame

se déchirait, et toutes ses facultés se réunissaient pour nous faire éprouver à-la-fois toutes les peines de la sensibilité, tous les regrets de l'amitié, et toutes les obligations de la reconnaissance !......

Enfin l'aumônier sortit. Nous n'osâmes l'interroger que par nos pleurs. Il nous regarda d'un air très-touché lui-même, mais grave et recueilli, comme l'exigeait son ministère, en nous disant qu'il fallait se résigner aux décrets de la Providence, qui faisait tout pour le mieux. Ce fut notre coup de grâce.

Le chirurgien rentra ensuite, et revenant au bout de quelques minutes, il nous ramassa collées contre la porte et à demi-mortes, nous prit par les bras pour nous aider à marcher, car nous n'en avions plus la force, et nous entraîna dans la chambre du capitaine.

Ce digne et généreux commandant nous parla d'abord le langage de la raison et de la religion. Il dit qu'il approu-

vait et estimait en nous la profonde et
légitime douleur dont nous étions affectées........ que le brave citoyen qui venait de payer à la nature le tribut que
nous lui devions tous, méritait bien nos
regrets et notre reconnaissance...........
enfin qu'il nous avait laissé des preuves
de son amitié et de sa bienveillance,
qui, si elles ne pouvaient pas nous
consoler tout-à-fait de sa perte, devaient
au moins servir d'adoucissement à notre
chagrin, et nous rappeler dans tous les
temps sa mémoire avec satisfaction.

Alors, voyant que nous approchions
de l'île, il nous dit que son devoir
l'appelait sur le pont pour ordonner la
manœuvre ; que nous restions dans sa
chambre, et qu'il reviendrait bientôt
nous donner connaissance des dernières volontés du défunt, dont il avait
été l'ami.

Nous restâmes embrassées, ma tante
et moi, mêlant nos soupirs et nos larmes, et n'étant affectées l'une et l'autre

que des sentimens d'une véritable douleur, sans aucun calcul ni réflexion
d'intérêt.

Cet homme que nous regrettions,
quoique plus âgé que moi du double,
était vraiment aimable et possédait toutes
les bonnes et les belles qualités. Il était
parvenu à se faire respecter de moi
comme un père, estimer comme un
tendre ami, et j'oserais presque dire
chérir, comme si j'eusse pu le regarder en amant ou en époux...... il m'a-
vait en outre sauvé la vie et l'honneur,
et il avait témoigné depuis, la volonté
d'assurer le repos et l'existence de ma
tante et de moi....... tous ces titres devaient nous rendre son souvenir bien
cher, et sa perte bien sensible !.....

La galère était entrée dans le port,
et déjà l'on s'apprêtait au débarquement;
le capitaine vint nous retrouver.

« Ma bonne et brave femme, dit-il
» à ma tante, vous vous êtes montrée

» dans le combat que nous venons de
» livrer aux infidelles , comme le plus
» brave de nos guerriers , et votre va-
» leur n'a pas peu contribué à la vic-
» toire que nous avons remportée sur
» eux, puisqu'à vous seule vous en avez
» détruit plusieurs , et même leur capi-
» taine. Les Français savent estimer et
» récompenser le courage ; tout notre
» équipage vous l'a déjà prouvé par les
» éloges sincères que vous avez si bien
» mérités.... mais il est de mon pou-
» voir de vous en donner un prix par-
» ticulier et bien légitime aussi ; c'est
» votre part du butin que vous nous
» avez aidé à faire sur ces pirates. La
» plus flatteuse pour nous , et la seule
» que nous ambitionnons , est la satis-
» faction de pouvoir rendre la liberté
» aux français leurs captifs, dont nous
» avons brisé les fers. Pour vous , ma
» brave Geneviève , voici un objet qui
» vous appartient ; c'est le petit coffret
» du capitaine que vous avez fait périr.

» Il renferme son or et ses pierreries.

» La connaissance que j'ai de vos bons

» sentimens, m'est un garant que vous

» en ferez bon usage.

» Et vous, me dit-il ensuite, aimable

» et vertueuse Suzon ! apprenez que la

» sagesse et la vertu trouvent aussi tôt

» ou tard leur récompense. Voici un

» papier que mon ami m'a confié pour

» vous le remettre. Il aurait voulu, et

» il était bien digne de faire votre bon-

» heur en vivant ; mais, même en mou-

» rant, il n'a pas perdu le désir de

» l'assurer. Ce papier contient une dé-

» claration faite pardevant l'aumônier,

» l'écrivain et moi, et signée de nous

» tous, qu'il vous regarde comme son

» épouse légitime et son unique héri-

» tière, et en conséquence une dona-

» tion très en règle de tous ses biens,

» dont il m'a chargé à ses derniers mo-

» mens de vous faire mettre en posses-

» sion. Vous allez toutes deux descen-

» dre à terre avec moi, et j'exécuterai

» fidellement les dernières volontés de
» mon respectable ami ».

Lecteurs sensibles , peut-on répondre
à de pareils discours ?...... nous ne le
pûmes pas.... nous ne pûmes même pas
trouver assez de force pour suivre le
capitaine. Il eut la complaisance d'attendre que ce premier effet de notre
saisissement fût un peu calmé..... enfin
revenues à nous , bénissant la Providence et remerciant le capitaine , nous
entrâmes dans son canot , nous abor-
dâmes à l'île , où nous fûmes fêtées ,
complimentées et honorées par tous les
braves chevaliers et le grand – maître
lui-même , à qui le capitaine nous pré-
senta dans nos habits de matelots , et
à qui il raconta avec enthousiasme les
valeureuses actions de ma tante.

Ce digne homme ensuite nous com-
bla de généreuses marques de son affection pour nous , ainsi que de son
sensible attachement pour son ami, et
de son respect religieux à accomplir

les promesses qu'il lui avait faites. Dès le lendemain de notre arrivée, il nous fit entrer en jouissance de tous les biens de mon défunt mari, et s'empressa toujours, depuis ce moment, à nous procurer dans l'île toutes les satisfactions possibles.

C'est de là que, tranquille et heureuse avec ma tante, après avoir été ballottées toutes deux par tant de caprices de la fortune, nous goûtons en paix cette jouissance encore au-dessus des biens, celle d'avoir une ame pure et exempte de tous reproches !

Ma bonne tante se porte bien, et a oublié tous nos malheurs passés ; moi, je n'ai pas encore vingt ans, j'ai une fortune considérable, j'ai été mariée sans le savoir, je me trouve veuve, et je suis encore fille.

Fin de la quatorzième et dernière partie.

TABLE DES CHAPITRES

Contenus dans la quatrième partie.